GUNTHER ABEL

Die Bedeutung der Lehre von den Einrichtungsgarantien für die Auslegung des Bonner Grundgesetzes

Schriften zum Öffentlichen Recht

Band 15

Die Bedeutung der
Lehre von den Einrichtungsgarantien
für die Auslegung des Bonner Grundgesetzes

Von

Dr. Gunther Abel

DUNCKER & HUMBLOT / BERLIN

Alle Rechte vorbehalten
© 1964 Duncker & Humblot, Berlin
Gedruckt 1964 bei Albert Sayffaerth, Berlin 61
Printed in Germany

Vorwort

Die vorliegende Arbeit stellt im wesentlichen meine Dissertation dar, die im November 1963 der Juristischen Fakultät der Universität Göttingen vorgelegt wurde. Für den Druck sind lediglich kleinere Änderungen und Ergänzungen vorgenommen worden.

Mein hochverehrter Lehrer, Herr Professor Dr. Werner Weber, hat die Arbeit beaufsichtigt und vielfältig gefördert. Ich bleibe ihm dafür stets zu Dank verpflichtet. Dank schulde ich auch Herrn Ministerialrat a. D. Dr. Johannes Broermann für die Aufnahme der Arbeit in die Reihe der „Schriften zum Öffentlichen Recht".

Göttingen, Juni 1964

Gunther Abel

Inhaltsverzeichnis

Einleitung   13

Abschnitt I

Die Entwicklung der Lehre von den Einrichtungsgarantien   17

A. Die Weimarer Zeit 17

    I. Erste Ansätze zur Lehre von den Einrichtungsgarantien vor Carl Schmitts „Verfassungslehre" 17

    II. Begründung und Entwicklung der Lehre von den Einrichtungsgarantien (institutionellen Garantien und Institutsgarantien) in ihrer klassischen Form 18

        1. Die Ausbildung der Lehre durch Carl Schmitt 18

        2. Die Aufnahme der Lehre 20

        3. Der Ausbauversuch E. R. Hubers 21

    III. Der Ausweitungsversuch von Loewenstein 23

    IV. Der Einengungsversuch von Dennewitz 24

B. Die Zeit von 1933—1945 25

C. Die Zeit vor Inkrafttreten des Bonner Grundgesetzes 26

Abschnitt II

Die im Bonner Grundgesetz enthaltenen Einrichtungsgarantien; ihre Gruppierung und Abgrenzung im allgemeinen   27

A. Die Unterteilung der zu untersuchenden Verfassungsbestimmungen nach herrschender Meinung 27

B. Die Einführung der Figur des garantierten gesellschaftlichen Sachverhalts durch Friedrich Klein; das hieran geknüpfte System 29

C. Weitere für Bereich und Einteilung der Einrichtungsgarantien im Grundgesetz bedeutsame Lehrmeinungen 34

    I. Stier-Somlos Ablehnung der Lehre von den Einrichtungsgarantien 34

    II. Die Wertung der Institutsgarantien durch Dennewitz 35

III. Hamels Verständnis des Grundrechtsteils 36
IV. Zulässigkeit der Scheidung nach Rechtsgebieten innerhalb der Einrichtungsgarantien? 37
V. Einrichtungsgarantien und Wesensgehaltsgarantie des Art. 19 Abs. 2 GG 38

D. Die als institutionelle Garantien und als Institutsgarantien in Betracht kommenden Bestimmungen des Grundgesetzes im einzelnen und die Einteilung der institutionellen Garantien in Gewährleistungen von verselbständigten Formen der Staatsorganisation sowie von rechtsfähigen Korporationen 40

Abschnitt III

Die gemeinsamen Merkmale der als Einrichtungsgarantien angesehenen Verfassungsbestimmungen 44

A. Die institutionelle Garantie 44
  I. Die bisherigen Definitionen 44
  II. Zu den Merkmalen im einzelnen 46
    1. Die Institution 46
      a) Normenkomplex und in der Wirklichkeit funktionierender Ordnungszusammenhang; Stabilität 46
        aa) Die rechtliche Grundlage der Institution 46
        bb) Die Teilhabe der Institution an den Lebenszusammenhängen 47
      b) Institution und Freiheit 48
      c) Institution und Identität der Verfassungsordnung 55
      d) Die Institution als vom Verfassunggeber vorgefundenes Garantieobjekt 56
    2. Die Garantie 59
      a) Die Abwehrrichtung der Garantie 59
      b) Die Abwehrwirkung der Garantie 61
      c) Programmatische Wirkung der institutionellen Garantie? 66
  III. Institutionelle Garantie und subjektives öffentliches Recht 67

B. Die Institutsgarantie 70
  I. Die bisherigen (teilweisen) Definitionen 70
  II. Zu den Merkmalen im einzelnen 70
    1. Das Institut 70
    2. Die Garantie 71
  III. Institutsgarantie und subjektives Recht 73

Inhaltsverzeichnis

C. Einrichtungsgarantien und Status-quo-Garantien 74

D. Die Einrichtungsgarantien des Grundgesetzes als Ansatzpunkt eines verfassungsrechtlichen Wertsystems? 76

E. Abgrenzung anderer Verfassungsbestimmungen von den hier angenommenen Einrichtungsgarantien 77
    I. Art. 5 Abs. 1 GG 77
        1. Einrichtungsgarantie für die Presse? 77
        2. Einrichtungsgarantie für Rundfunk und Film? 78
    II. Art. 5 Abs. 3 S. 1 GG 79
    III. Art. 7 Abs. 4 S. 1 GG 79
    IV. Art. 9 Abs. 1 GG 80
    V. Art. 9 Abs. 3 GG 80
        1. Einrichtungsgarantie für die Koalitionen? 80
        2. Einrichtungsgarantie für den Tarifvertrag? 81
    VI. Art. 10 GG 82
    VII. Art. 12 Abs. 1 GG 83
        1. Einrichtungsgarantie für die Freiheit der Berufsausübung? 83
        2. Einrichtungsgarantie für die Wettbewerbswirtschaft? 83
    VIII. Art. 15 GG 83
    IX. Art. 19 Abs. 4 GG 84
    X. Art. 20 Abs. 1 GG 84
    XI. Art. 21 Abs. 1 S. 1 GG 84
    XII. Art. 36 GG 85
    XIII. Art. 101 Abs. 1 GG 85
    XIV. Art. 114 Abs. 2 S. 1 GG 86
    XV. Art. 140 GG, 139 WRV 86

F. Zur Terminologie 86

        Zusammenfassung   88

        Literaturverzeichnis   92

Abkürzungsverzeichnis

AöR	Archiv des öffentlichen Rechts
BGHZ	Entscheidungen des Bundesgerichtshofes in Zivilsachen
BK	Kommentar zum Bonner Grundgesetz (Bonner Kommentar), hrsg. von Dennewitz u. a. Hamburg 1950 ff.
BVerfG	Bundesverfassungsgericht
BVerfGE	Entscheidungen des Bundesverfassunggerichts
BVerwGE	Entscheidungen des Bundesverwaltungsgerichts
Diss.	Dissertation
DJT	Deutscher Juristentag
DJZ	Deutsche Juristenzeitung
DÖV	Die Öffentliche Verwaltung
DV	Deutsche Verwaltung
DVBl.	Deutsches Verwaltungsblatt
E	Entscheidungen
FA	Finanzarchiv
Fischers Ztschr.	Fischers Zeitschrift für Verwaltungsrecht
GR	Die Grundrechte. Handbuch der Theorie und Praxis der Grundrechte. In Verbindung mit anderen hrsg. zunächst von Neumann-Nipperdey-Scheuner, dann von Bettermann-Nipperdey-Scheuner, jetzt von Bettermann und Nipperdey. Berlin. Bd. II 1954; Bd. III, 1. Hlbbd. 1958, 2. Hlbbd. 1959; Bd. IV, 1. Hlbbd. 1960, 2. Hlbbd. 1962
HdBDStR	Handbuch des Deutschen Staatsrechts, in Verbindung mit anderen hrsg. von Anschütz und Thoma. Bd. 2 Tübingen 1932
HdBkWPr.	Handbuch der kommunalen Wissenschaft und Praxis, hrsg. in Verbindung mit den kommunalen Spitzenverbänden im Auftrage des Forschungsinstitutes für Sozial- und Verwaltungswissenschaften an der Universität Köln von Hans Peters. Bd. 1 Berlin — Göttingen — Heidelberg 1956
HDSW	Handwörterbuch der Sozialwissenschaften, hrsg. von Beckerath u. a. Stuttgart — Tübingen — Göttingen 1956 ff.
JR	Juristische Rundschau
JW	Juristische Wochenschrift
JZ	Juristenzeitung
NF	Neue Folge

Nipp.	Die Grundrechte und Grundpflichten der Reichsverfassung. Kommentar zum zweiten Teil der Reichsverfassung. In Gemeinschaft mit anderen hrsg. von Hans Carl Nipperdey. Berlin. Bd. 1 1929, Bd. 3 1930
NJW	Neue Juristische Wochenschrift
NRW	Nordrhein-Westfalen
ÖffHaush.	Der öffentliche Haushalt. Archiv für Finanzkontrolle
OLG	Oberlandesgericht
OVG	Oberverwaltungsgericht
OVGE	Entscheidungen der Oberverwaltungsgerichte für das Land Nordrhein-Westfalen in Münster sowie für die Länder Niedersachsen und Schleswig-Holstein in Lüneburg
Rdnr.	Randnummer
Recht — Staat — Wirtschaft	Recht — Staat — Wirtschaft. Schriftenreihe des Innenministers des Landes Nordrhein-Westfalen für Staatswissenschaftliche Fortbildung. Bd. 3 und 4 Düsseldorf 1951 und 1953
RGBl. I	Reichsgesetzblatt Teil I
RGZ	Entscheidungen des Reichsgerichts in Zivilsachen
VerfGH	Verfassungsgerichtshof
VerwArch.	Verwaltungsarchiv
VerwRspr.	Verwaltungsrechtsprechung in Deutschland
VVDStRL	Veröffentlichungen der Vereinigung der Deutschen Staatsrechtslehrer
ZgesStW	Zeitschrift für die gesamte Staatswissenschaft
ZZP	Zeitschrift für Zivilprozeß

Einleitung

Die vorliegende Arbeit unternimmt es, sich mit den Problemen auseinanderzusetzen, die die Lehre von den Einrichtungsgarantien (institutionellen Garantien und Institutsgarantien), 1928 von Carl Schmitt erstmalig als systematischer Beitrag zur Auslegung vor allem des Grundrechtsteils der Weimarer Reichsverfassung entwickelt und in den folgenden Jahren zu fast uneingeschränkter Anerkennung gelangt, unter dem Blickpunkt des Bonner Grundgesetzes aufwirft. Wohl ist keine Stimme mehr vernehmbar, die die Richtigkeit dieser Lehre insgesamt verneinen möchte. Dem Betrachter, der die Begriffe „Einrichtungsgarantie", „institutionelle Garantie", „Institutsgarantie" in Schrifttum und Rechtsprechung immer wieder antrifft, kann es sogar scheinen, als sei sie in feststehender Bedeutung zu Allgemeingut der Staatsrechtswissenschaft geworden. Dem steht jedoch zweierlei entgegen: Zum einen wird namentlich der Begriff „institutionelle Garantie" häufig auf Gehalte angewandt, die jedenfalls von der klassischen Ausprägung der Lehre nicht gedeckt werden[1]. Zum anderen werden Überlegungen vorgetragen, die geeignet sein könnten, der Lehre mindestens in Einzelzügen ein neues Gesicht zu geben. Damit scheint der Zeitpunkt für eine zusammenfassende Erörterung gekommen, die zu ermitteln sucht, was die Lehre von den Einrichtungsgarantien heute aussagen kann; sie hat zu berücksichti-

---

[1] Vgl. etwa *Maunz*, Staatsrecht, S. 91 (Art. 10 GG: institutionelle Garantie oder Institutsgarantie des Brief-, Post- und Fernmeldegeheimnisses; dagegen: *von Mangoldt-Klein*, Art. 10, Erl. II 4; *Oehler*, GR II, S. 606 Anm. 3; vgl. auch S. 609 Anm. 12); *Thieme*, JZ 1961, 281 (Art. 12 Abs. 1 GG: institutionelle Garantie der Wettbewerbswirtschaft); *Koellreutter*, Staatsrecht, S. 62 (Art. 15 GG: „Institutionsgarantie" der Sozialisierung); *Maunz-Dürig*, Art. 19 Abs. 4, Rdnr. 3; *Bachof*, ZZP Bd. 65 (1952), S. 12 (Art. 19 Abs. 4 GG: institutionelle Garantie irgendeiner Gerichtsbarkeit, die zur Entscheidung über die Rechtmäßigkeit von Maßnahmen der öffentlichen Gewalt gegenüber dem einzelnen berufen ist); *Lerche*, Übermaß, S. 231 (Art. 20 Abs. 1 GG: institutionelle Garantie eines Mindestmaßes gewisser vorhandener sozialer Institutionen); *Maunz-Dürig*, Art. 36, Rdnr. 10 (Art. 36 Abs. 1 und 2 GG: wohl institutionelle Garantien des föderalistischen Aufbaus der zivilen Bundesverwaltung und der Bundeswehr); *Maunz-Dürig*, Art. 114, Rdnr. 9; Werner *Weber*, ÖffHaush. 1954, 36; E. R. *Huber*, Festschrift für Nikisch, S. 339, 340 (Art. 114 Abs. 2 S. 1 GG: institutionelle Verfassungsgarantie des Rechnungshofs, der Rechnungsprüfung und der Unabhängigkeit der Mitglieder; institutionelle Verfassungsgarantie der obersten Prüfungsbehörde; institutionelle Garantie der Gleichstellung der Rechnungshöfe mit den Gerichten und damit des Gesetzmäßigkeitsprinzips, institutionelle Verfassungsgarantie der Unabhängigkeit der Rechnungshöfe).

gen, daß auch unter der Geltung der Weimarer Verfassung Zweifel gegenüber den insbesondere von Carl Schmitt vorgetragenen Gedanken laut geworden sind. Es soll versucht werden, in der Nachfolge der am Ausgang der Weimarer Zeit stehenden Arbeit von Friedrich Klein „Institutionelle Garantien und Rechtsinstitutsgarantien", wenn auch in bescheidenerem Zuschnitt, so doch wenigstens im Ansatz, eine Gesamtdarstellung zu geben, die für das Bonner Grundgesetz bislang fehlt.

Hierbei muß eine erste Präzisierung an den Anfang und noch in die Einleitung gerückt werden, da sie Blickrichtung und Methode der Arbeit entscheidend bestimmt. Die Begriffe „Einrichtungsgarantie", „institutionelle Garantie", „Institutsgarantie" sind ebensowenig wie in der Weimarer Verfassung im Bonner Grundgesetz enthalten. Sie sind deshalb insoweit nicht der Auslegung zugänglich. Die Lehre von den Einrichtungsgarantien kann aber auch nicht Verfassungsbestimmungen in Beziehung zu einem vorgegebenen Oberbegriff bringen, nämlich einem vom jeweiligen Verfassungstext unabhängigen verfassungsrechtlichen Begriff der „Einrichtung" oder der „Institution" oder des „Instituts", da sich derartige Begriffe in der deutschen Staatsrechtswissenschaft noch nicht herausgebildet haben. Material, das für eine Institutionslehre innerhalb des Verfassungsrechts Aufschlüsse geben könnte, liegt vor: es stammt aus den Gebieten von Soziologie, Theologie, deutscher und französischer Staatsrechtslehre, deutschem allgemeinem Verwaltungsrecht und weist seinerseits teilweise auf ältere Ursprünge zurück[2]. Ein jedenfalls überwiegend anerkannter Institutionsbegriff ist aber im Verfassungsrecht noch nicht gewonnen worden. Ähnliches gilt hinsichtlich des Begriffes „Institut", und auch die Verdeutschung „Einrichtung" ist noch konturenlos.

Dadurch verengt sich die Fragestellung, ohne indes unfruchtbar zu werden. Es kann nicht gelten, unter einen positiven oder ungeschriebenen verfassungsrechtlichen Begriff von allgemeiner Gültigkeit zu subsumieren, sondern es sind die gemeinsamen Merkmale einer Gruppe zusammengehöriger Verfassungsbestimmungen zu suchen und darzustellen. Die Gesamtheit dieser gemeinsamen Merkmale macht dann die Begriffe „Institution", „Institut" und „Garantie" aus; hinter den Begriffen verbirgt sich gewissermaßen der „Allgemeine Teil" des Inhalts der frag-

---

[2] Vgl. die Nachweise bei *Sasse*, AöR Bd. 85 (1960), S. 444 f. Anm. 86 ff.; *Köttgen*, Grundrecht, S. 23/24 Anm. 6 ff. Die Institutionslehre insbesondere von Maurice *Hauriou* ist für die Grundrechtsdeutung umfassend ausgewertet von *Häberle*, Die Wesensgehaltsgarantie des Art. 19 Abs. 2 Grundgesetz. Besonders muß in diesem Zusammenhang *Forsthoff* genannt werden, der, von den Begriffen Institution und Rechtsinstitut ausgehend, für eine Methode institutioneller Rechtsanwendung eintritt (Lehrbuch, S. 151 ff. mit Hinweisen u. a. auf *Savigny* und *Stahl*). Vgl. auch Carl *Schmitt*, Aufsätze, S. 172 f. (Nachwort zu „Freiheitsrechte und institutionelle Garantien").

lichen Verfassungsbestimmungen. Es handelt sich mithin nicht um Gegenstände, sondern um Ergebnisse der Interpretation, nicht um einen Ausgangspunkt, sondern um das Ziel[3].

Hierdurch wird die Methode des Vorgehens bestimmt. Friedrich Klein hat in seiner Monographie die Begriffe Institution, Rechtsinstitut, Garantie, untersucht, teilweise definiert und dann am Ende der Arbeit geprüft, welche Einrichtungsgarantien die Weimarer Verfassung enthielt. Hierin kann ihm nach dem Vorstehenden nicht gefolgt werden. Die aufgeführten Begriffe sind eben keine Auslegungsgegenstände, sondern Zusammenfassung und Formel für Auslegungergebnisse. Man wird dem Thema nur gerecht werden können, wenn man dem Rechnung trägt. Hiernach ist zunächst, angeleitet durch die Weimarer Untersuchungen zur Frage der Einrichtungsgarantien, eine Gruppe von Verfassungsbestimmungen zusammenzustellen, die jedenfalls in gewissen, von Carl Schmitt und seinen Nachfolgern den Einrichtungsgarantien (institutionellen Garantien und Institutsgarantien) zugeschriebenen Merkmalen übereinstimmt. Dann sind im einzelnen, für die Untergruppen institutionelle Garantien und Institutsgarantien getrennt, die gemeinsamen Kennzeichen zu zeigen. Dabei muß immer wieder die Abgrenzung deutlich gemacht werden, nämlich erläutert werden, warum diesem und jenem Merkmal unterscheidende Bedeutung zukommt, weshalb die Grenze so und nicht anders gezogen wird. Es muß sichtbar werden, daß die vorgenommene Zusammenstellung sinnvoll und nicht willkürlich ist und sich insbesondere als Ausweg hinsichtlich der Unklarheit um den Begriff Einrichtungsgarantie[4] empfehlen könnte.

Erst am Schluß der Darlegungen kann dann in einer Zusammenfassung der Ergebnisse der den fraglichen Verfassungsbestimmungen gemeinsame Inhalt knapp definitionsähnlich umrissen werden. Soweit die Arbeit Definitionen der Weimarer Zeit zu den Begriffen institutionelle Garantie und Institutsgarantie aufführt, geschieht das nicht, weil alsbald eine eigene Definition erscheinen soll, sondern um die wesentlichen Erkenntnisse der älteren Lehre konzentriert zu übermitteln.

Eine mit eigener Stellungnahme verbundene Darstellung des Meinungsstreites, inwieweit einzelnen Verfassungsbestimmungen der Charakter einer institutionellen Garantie oder einer Institutsgarantie zugesprochen werden kann, ist bei der hier verfolgten Methode des Vorgehens nur begrenzt möglich, während Klein sie ohne Inkonsequenz in vollem Umfang vornehmen konnte. Hier wird eben die Auswahl als

---

[3] Vgl. hierzu auch *Bruns*, Prinzip, S. 9/10; *Menzel*, AöR NF Bd. 28 (1937), S. 47/48.

[4] Auf diese Unklarheit weisen hin *Bachof*, GR III/1, S. 165; *Spanner*, VerwArch. Bd. 51 (1960), S. 167.

Grundlage der folgenden Darstellung zu Anfang getroffen: alsdann wird schrittweise das diese Gruppierung Kennzeichnende und Rechtfertigende dargestellt. Erst im Anschluß hieran ist die erwähnte Darstellung möglich, dann freilich nur noch, da die positive Entscheidung gefallen ist, in der Form, daß aufgezeigt wird, welche Verfassungsbestimmungen in dem hier interessierenden Zusammenhang nicht erscheinen können und warum dies nicht geschehen kann.

Abschnitt I

Die Entwicklung der Lehre von den Einrichtungsgarantien

A. Die Weimarer Zeit

I. Erste Ansätze zur Lehre von den Einrichtungsgarantien vor Carl Schmitts „Verfassungslehre"

Als Begründer der Lehre von den „Einrichtungsgarantien" (der Ausdruck stammt als Oberbegriff von Friedrich Klein[1]; Carl Schmitt sprach zunächst nur von „institutionellen Garantien" und übernahm dann später zusätzlich den auf Martin Wolff[2] zurückgehenden Ausdruck „Institutsgarantie") wird in aller Regel Carl Schmitt genannt. Das ist insoweit zutreffend, als sie durch Schmitt systematisch ausgeformt und auf breiter Grundlage dargestellt worden ist. Indes ist schon vor Schmitt von einzelnen Autoren an Bestimmungen der Weimarer Reichsverfassung der Einrichtungsgarantie-Charakter erkannt worden, auch, wenn der Ausdruck noch nicht gebraucht wurde.

Schon 1919 sprach Giese in der ersten Auflage seines Kommentars zur Reichsverfassung aus, Art. 119 Abs. 1 S. 1 WRV bedeute, daß das Rechtsinstitut der Ehe eine verfassungsmäßige Einrichtung darstelle, die nur in den erschwerten Formen des Art. 76 WRV dieser Stellung beraubt oder gar abgeschafft werden könne[3]. Auch in der Kommentierung von Art. 153 WRV (Eigentum)[4] und 154 (Erbrecht)[5] scheint der Gedanke der Einrichtungsgarantie hier schon anzuklingen[6].

1923 präzisierte Martin Wolff dann in seinem Beitrag zur Kahl-Festgabe („Reichsverfassung und Eigentum") den Inhalt von Art. 153 Abs. 1 S. 1 WRV: Die Bestimmung bedeute den Schutz der konkreten Privatrechte des einzelnen Rechtssubjekts, darüber hinaus aber die Zusicherung, daß das Privateigentum als Rechtsinstitut erhalten bleibe, eine

---

[1] Garantien, S. 2.
[2] Eigentum, S. 6.
[3] Art. 119, Erl. II 3; vgl. auch Erl. II 1.
[4] Art. 153, Erl. II 1.
[5] Art. 154, Erl. II 1, II 3.
[6] Insbesondere auch, wenn man die 8. Auflage des Kommentars zum Vergleich heranzieht: vgl. Art. 153, Erl. 1; Art. 154, Erl. 1 ebenda.

Institutsgarantie[7]. Die Eigentumsgarantie bestehe nicht nur gegenüber der Verwaltung, sondern auch gegenüber der Gesetzgebung; nur ein verfassungsänderndes Reichsgesetz könne sie brechen[8]. In diesem Zusammenhang sprach Wolff auch schon deutlich Art. 154 WRV den Sinn einer Institutsgarantie zu[9]. Bald darauf trat Triepel der Wolffschen Deutung von Art. 153 Abs. 1 S. 1 WRV in vollem Umfang bei[10].

Eine — schwerlich bewußte — Ausweitung dieser Ansätze in ein anderes Gebiet bedeuten dann Darlegungen Waldeckers (wie die Triepels aus dem Jahre 1924). Waldecker stellte im Anschluß an die Entscheidung des Reichsgerichts RGZ 104, 58 heraus, in Art. 129 Abs. 1 S. 3 WRV trete das Sonderrecht eines Berufsstandes entgegen, der als eine in sich geschlossene Einheit in seinen wohlerworbenen Rechten garantiert werde. Die Reichsverfassung habe das Standesrecht des Berufsbeamtentums als Institution garantiert[11]. Eine andere Ausdehnung noch vor Carl Schmitts „Verfassungslehre" ist ferner möglicherweise in dem Mitbericht von Smend auf der Tagung der deutschen Staatsrechtslehrer 1927 zu dem Thema „Das Recht der freien Meinungsäußerung" zu sehen. Smend würdigte damals den Gehalt von Art. 142 S. 1 WRV, soweit er von der Wissenschaft und ihrer Lehre handelte, als das „Grundrecht der deutschen Universität"[12]. Das Grundrecht der akademischen Freiheit, ein geschichtlich bedingtes Institut, bedeute vor allem die angemessene Rechtsstellung einer großen öffentlichen Institution; es sei daher in der Weimarer Verfassung zu Recht von den individuellen und sozialen Freiheitsrechten getrennt und an die erste Stelle unter den öffentlichen Institutionen des vierten Abschnitts gestellt[13, 14].

II. Begründung und Entwicklung der Lehre von den Einrichtungsgarantien (institutionellen Garantien und Institutsgarantien) in ihrer klassischen Form

1. Die Ausbildung der Lehre durch Carl Schmitt

Derartigen Ansätzen, die ihrerseits noch vor 1928 teilweise Nachfolge gefunden hatten[15], folgte 1928 in Carl Schmitts „Verfassungslehre" die

---

[7] S. 5/6.
[8] S. 6.
[9] Eigentum, S. 6.
[10] Goldbilanzenverordnung, S. 25.
[11] AöR NF Bd. 7 (1924), S. 129 ff. (S. 134 ff.).
[12] VVDStRL 4, 57.
[13] a. a. O., S. 64; vgl. auch S. 71, 73 ebenda.
[14] Im Zusammenhang mit der Lehre von den Einrichtungsgarantien (institutionellen Garantien) erscheint der Smendsche Beitrag zur Deutung von Art. 142 WRV bei *Köttgen*, GR II, S. 302 Anm. 31; vgl. auch Carl *Schmitt*, Freiheitsrechte, S. 12 = Aufsätze, S. 151/152; *Klein*, Garantien, S. 74 f.
[15] Vgl. etwa für Art. 119 WRV *Stier-Somlo*, Reichs- und Landesstaatsrecht,

erste allgemeine Behandlung der damals von dem Autor noch ohne weitere Unterscheidung als „institutionelle Garantien" qualifizierten verfassungsrechtlichen Bestimmungen[16]. Schmitt erörterte die Frage zwar in dem Paragraphen „Die Grundrechte", schied diese Garantien jedoch streng von den Grundrechten im Sinne von Freiheitsrechten. Sie beständen nur innerhalb des Staates, beruhten nicht auf der Vorstellung einer prinzipiell unbegrenzten Freiheitssphäre, sondern beträfen und sicherten rechtlich anerkannte Institutionen, deren Beseitigung im Wege der einfachen Gesetzgebung unmöglich gemacht werden solle[17]. Die persönliche Freiheit könne niemals eine Institution sein[18]. Als institutionelle Garantien in der Reichsverfassung nannte Schmitt[19] das Verbot von Ausnahmegerichten (Recht auf den gesetzlichen Richter) in Art. 105, die Sicherung der Ehe durch Art. 119, der gemeindlichen Selbstverwaltung durch Art. 127, des Berufsbeamtentums durch die beamtenrechtlichen Bestimmungen der Reichsverfassung, der Sonntagsruhe durch Art. 139, der Freiheit der Wissenschaft und ihrer Lehre durch Art. 142, des Religionsunterrichts als ordentlichen Lehrfachs in den Schulen und die Erhaltung der theologischen Fakultäten durch Art. 149 sowie die Gewährleistung von Eigentum und Erbrecht durch die Art. 153, 154.

Das 1928 Dargelegte bekräftigte, vertiefte und erweiterte Schmitt in seiner Abhandlung „Freiheitsrechte und institutionelle Garantien der Reichsverfassung" (1931). Erstmalig wurde hier eine Einteilung der Einrichtungsgarantien in zwei große Gruppen vorgenommen: institutionelle Garantien als verfassungsrechtliche Gewährleistungen „wesentlich" öffentlich-rechtlicher Einrichtungen, Institutsgarantien als verfassungsrechtliche Gewährleistungen von Einrichtungen des Privatrechts[20]. Noch kurz zuvor hatte Schmitt — in seiner Besprechung des ersten Bandes des von Nipperdey herausgegebenen Kommentars zum zweiten Teil der Reichsverfassung[21] — unterschiedslos von „institutionellen Garantien" gesprochen. Thoma auf der anderen Seite etwa kennt in dem ersten Band des erwähnten Kommentarwerks (Abhandlung „Die juristische Bedeutung der grundrechtlichen Sätze der deutschen Reichsverfassung im allgemeinen") 1929 nur „Institutsgarantien" — ein Ausdruck dessen, daß vor 1931 beide Begriffe allgemein gleichbedeutend und auswechselbar erschienen[22] —, übrigens in weiter Erstreckung des Begriffs,

---

S. 438, 455/456; für Art. 153 Abs. 1 S. 1 WRV *Schelcher*, Fischers Ztschr. Bd. 60 (1927), S. 137 ff. (insbesondere S. 144).
[16] S. 170 ff.
[17] Verfassungslehre, S. 170 f., 173.
[18] a. a. O., S. 171.
[19] a. a. O., S. 171 ff.
[20] Freiheitsrechte, S. 4 = Aufsätze, S. 148; passim.
[21] JW 1931, 1676.
[22] Vgl. *Klein*, Garantien, S. 93 ff.

die als Institutsgarantie z. B. die Sicherung der Vertragsfreiheit (Art. 152 WRV) in gleicher Weise wie die von Ehe (Art. 119 WRV) und gemeindlicher Selbstverwaltung (Art. 127 WRV) wertete[23].

Der nunmehrigen sorgfältigen Scheidung zwischen beiden Garantietypen und der abermaligen scharfen begrifflichen Abgrenzung von Institution und Institut gegenüber der allgemeinen Freiheit[24], die niemals zur Einrichtung werden könne, stellte Schmitt jetzt die Verbindung von allgemeiner Freiheit und sie absichernden Konnex- und Komplementärgarantien (konnexen und komplementären Einrichtungsgarantien) an die Seite (den Ausdruck übernahm er von Karl Renner; er konnte bei seinen Ausführungen auf seinen allerdings erst im folgenden Jahr erschienenen Beitrag im Handbuch des Deutschen Staatsrechts zurückgreifen, der die Lehre von den Einrichtungsgarantien nochmals zusammenfaßt[25]). Schmitt erklärte nunmehr einerseits, es entspreche dem Geist einer liberalen rechtsstaatlichen Verfassung, institutionelle Garantien nur als Konnex- und Komplementärgarantien zu einer allgemeinen Freiheit gelten zu lassen[26], andererseits sah er jedoch die Möglichkeit der Entstehung von Privilegien eben dadurch, daß die allgemeine Freiheit durch zusätzliche Garantien der erwähnten Art abgesichert werde, die — wie die Entwicklung der Pressefreiheit zeige — eine selbständige und herausgehobene Stellung erreichen könnten[27].

2. Die Aufnahme der Lehre

Gegen die Lehre von den Einrichtungsgarantien in der Verfassung wandte sich alsbald — schon 1929 — Stier-Somlo[28]. Mit der Herausstellung der „institutionellen Garantien" werde dem Wortlaut der Verfassung und dem Willen des Verfassungsgesetzgebers zuwider bestimmten unter die „Grundrechte" eingereihten Rechtssätzen der Grundrechtscharakter bestritten; ferner seien die fraglichen „institutionellen Garantien" gerade der Inhalt der Grundrechte, dürften also von diesen nicht unterschieden werden.

Diese Kritik fand in ihrer Allgemeinheit jedoch weder Beifall noch Nachfolge. Die Schmittsche Lehre wurde vielmehr sonst mehr oder minder gebilligt oder fand doch nur hinsichtlich einzelner Verfassungsbestimmungen Widerspruch. Allerdings sind die sie im Grundsatz betref-

---

[23] S. 31; s. auch S. 21 f., 33; Kritik von *Schmitt* an *Thoma*: JW 1931, 1676.
[24] So auch in JW 1931, 1676; hier Freiheitsrechte, S. 27 = Aufsätze, S. 167.
[25] HdBDStR II, S. 595 f. = Aufsätze, S. 213 ff.
[26] Freiheitsrechte, S. 31 = Aufsätze, S. 171.
[27] Freiheitsrechte, S. 27 ff. = Aufsätze, S. 167 ff.; HdBDStR II, S. 592 f. Anm. 77 = Aufsätze, S. 210 Anm. 77.
[28] Nipp. I, S. 171 Anm. 24.

fenden Äußerungen entschieden in der Minderzahl. Genannt seien einmal die zustimmenden Darlegungen von Anschütz in der letzten Auflage seines Kommentars zur Reichsverfassung[29], die eine sehr genaue Definition bringen und im Anschluß an Thoma[30] festhalten, daß die einfache Gesetzgebung das garantierte Institut nicht nur nicht abschaffen, sondern auch nicht das „Minimum dessen, was sein Wesen ausmacht", verletzen dürfe, denen freilich die Unterscheidung zwischen institutionellen Garantien und Institutsgarantien etwas zu subtil erscheint, und zum anderen die Ausführungen von Giese in seiner Besprechung von Forsthoffs — ihrerseits im Untertitel von der institutionellen Garantie in den Artikeln 127 und 137 WRV sprechenden — Schrift „Die öffentliche Körperschaft im Bundesstaat"[31], worin Giese erklärt, die Lehre von der institutionellen Garantie habe wesentlich dazu beigetragen, die vorher fehlende Verbindung zwischen beiden Hauptteilen der Verfassungsurkunde herzustellen.

Die ganz überwiegende Mehrheit der zu dem Problem der Einrichtungsgarantien in der Weimarer Republik abgegebenen Äußerungen behandelte es nur unter dem Gesichtspunkt einer konkreten Einzelfrage[32]. So wurde der Begriff der institutionellen Garantie viel in der Diskussion der Frage genannt, ob Art. 129 Abs. 1 S. 3 WRV dem einzelnen Beamten von Verfassungs wegen ein subjektives öffentliches Recht auf Bezüge in bestimmter ziffernmäßiger Höhe verleihe[33]. Die Folgerungen, die Schmitt aus der von ihm begründeten Lehre für die Auslegung von Art. 129 Abs. 1 S. 3 WRV zog[34], wurden übrigens überwiegend abgelehnt. Weiter war der Begriff in der unter dem Gesichtspunkt von Art. 127 WRV geführten Diskussion um die Zulässigkeit von Zwangseingemeindungen geeignet, eine erhebliche Rolle zu spielen[35]. Aber auch wo ein Autor nur für eine bestimmte Verfassungsnorm annahm, es liege eine Einrichtungsgarantie vor, konnte er jedenfalls in weiterem Sinne Befürworter der Schmittschen Lehre genannt werden.

3. Der Ausbauversuch E. R. Hubers

In seiner Abhandlung „Bedeutungswandel der Grundrechte"[36] bemühte sich Ernst Rudolf Huber 1933 um eine weitere Differenzierung der erfolgreichen Lehre von den Einrichtungsgarantien. Er erklärte hier

---
[29] Vorbem. 8 zum zweiten Hauptteil.
[30] Nipp. I, S. 33.
[31] ZgesStW Bd. 93 (1932), S. 345.
[32] Umfassende Nachweise bei *Klein*, Garantien, insbesondere S. 56 ff.
[33] Nachweise bei *Klein*, a. a. O., insbesondere S. 205 ff.
[34] Vornehmlich in DJZ 1931, Sp. 917 ff. = Aufsätze, S. 174 ff.
[35] Nachweise bei *Klein*, Garantien, insbesondere S. 57 f. Anm. 39.
[36] AöR NF Bd. 23 (1933), S. 1 ff.

kritisch, bei dem von Schmitt herausgestellten Unterscheidungsmerkmal für die institutionellen Garantien und die Institutsgarantien, die Institution habe stets öffentlich-rechtlichen, das Institut stets privatrechtlichen Charakter, handele es sich nicht um ein begriffswesentliches Kriterium, da es in der deutschen Rechtsordnung auch öffentlich-rechtliche Institute (Monopole, Privilegien, Konzessionen usw.) und privatrechtliche Institutionen (Vereine, Kartelle, Gewerkschaften usw.) gebe. Es sei jedoch für die Art verfassungsmäßiger Gewährleistungen kennzeichnend, daß es im wesentlichen nur Garantien privatrechtlicher Institute und öffentlich-rechtlicher Institutionen in der Reichsverfassung gebe[37].

Besonders aber hob Huber hier darauf ab, daß bei der Gruppe der institutionellen Garantien geschieden werden müsse, ob eine rechtsfähige Korporation oder ein staatliches Organisationsprinzip gewährleistet werden solle[38]. In einem Falle werde eine verbandsmäßig verfaßte Institution in ihrem Recht auf Existenz und Selbstverwaltung anerkannt, im anderen Falle verspreche der Staat, einen bestimmten Grundzug seiner eigenen Organisation zu erhalten; einen eigentlichen „Träger der Garantie" gebe es hier nicht[39].

Zu den Garantien einer — nicht juristisch, aber faktisch — verselbständigten Form der Staatsorganisation rechnete Huber[40]: die Gewährleistung des Berufsbeamtentums in den Art. 128—131, des Richtertums in den Art. 102—105 sowie einer bestimmten Art des Schulwesens in den Art. 143—149 WRV, worin sich bereits ein gewisser Übergang zur Garantie selbständiger Korporationen zeige. Unter die — seiner Meinung nach verschieden gestuften — korporativen Garantien reihte Huber ein[41]: als stärkste die den Religionsgesellschaften geltende in Art. 137, weiter die des gemeindlichen Selbstverwaltungsrechts in Art. 127, der Lehrfreiheit an den deutschen Universitäten in Art. 142[42], die Vorschrift des Art. 156 Abs. 2 (Errichtung wirtschaftlicher Zwangsverbände mit dem Recht der Selbstverwaltung), die Garantie des Sozialversicherungswesens in Art. 161, der nicht nur Programmsatz sei, und in gewisser Hinsicht die Anerkennung der Berufsverbände in Art. 165 Abs. 1 WRV. Diesen korporativen Garantien schloß Huber schließlich noch zwei „unentwickelte" an[43]: Art. 164 (Förderung und Schutz des

---

[37] a. a. O., S. 14.
[38] a. a. O., S. 15, 51 ff.
[39] a. a. O., S. 51.
[40] a. a. O., S. 52 ff.
[41] a. a. O., S. 63 ff.
[42] Es wird nicht ganz deutlich, ob *Huber* die von ihm im Rahmen der Ausführungen zu Art. 142 behandelte Bestimmung des Art. 149 Abs. 3 WRV (Erhaltung der theologischen Fakultäten an den Hochschulen) ebenfalls unter die selbständigen institutionellen — korporativen — Garantien zählen will; es muß wohl angenommen werden (vgl. a. a. O., S. 70).
[43] a. a. O., S. 76 ff.

selbständigen Mittelstandes) sowie Art. 113 WRV (Schutz der nationalen Minderheiten)[44].

Im übrigen ist in Hubers Beitrag die Annäherung der institutionellen Garantien an subjektive Gruppenrechte auffällig. Es bleibt häufig unklar, wie die Trennungslinie zwischen diesen Gewährleistungsformen gezogen werden soll[45].

Hubers Beitrag hat im Schrifttum keinen Widerhall mehr gefunden. Nur Klein hat sich mit ihm noch auseinandergesetzt und die Unterteilung der institutionellen Garantien abgelehnt[46].

III. Der Ausweitungsversuch von Loewenstein

Im Jahre 1931 gab Loewenstein in seinem Buch „Erscheinungsformen der Verfassungsänderung" im Zusammenhang einer Untersuchung des in der Weimarer Zeit viel erörterten Problems der Verfassungsdurchbrechung dem Begriff der Einrichtungsgarantie eine äußerst weit gefaßte Deutung[47]. Über den insbesondere von Carl Schmitt einbezogenen Bereich in den ersten Hauptteil der Verfassung hinausgreifend, vertrat Loewenstein die Ansicht, nach Art institutioneller Garantien seien etwa auch das „Reichsgebiet" (Art. 2 WRV), die „Reichsflaggen" (Art. 3 WRV), die „freistaatliche Verfassung" (Art. 17 WRV) und die „Republik" (Art. 1 WRV) gewährleistet, eine institutionelle Garantie gelte auch den „Abgeordneten des deutschen Volkes" (Art. 20 WRV) sowie — bei weitergefaßtem Sinn des Institutionsbegriffes — den verfassungsrechtlichen Fundamentalbegriffen, wie Volksabstimmung, Reichsvolk, Reichstag, Reichsrat, Reichsregierung, Reichspräsident[48]. Loewensteins Begriffsdehnung blieb jedoch im wesentlichen ohne Anklang, wenn auch Koellreutter meinte[49], die „institutionellen Garantien" seien „an sich" nicht auf den rechtsstaatlichen (d. h. hier: Grundrechts-) Teil der Verfassung beschränkt, und vom konstruktiven Standpunkt aus jedenfalls sei gegen die Ausdehnung des Begriffs durch Loewenstein nichts einzuwenden. Carl Schmitt lehnte schon 1931 Loewensteins Meinung als Gefährdung des klaren und brauchbaren Begriffs der institutionellen Garantie ab[50].

---

[44] Die Scheidung von organisatorischen und korporativen innerhalb der institutionellen Garantien wird auch zum Ausdruck gebracht in *Hubers* Besprechung von *Dennewitz'* Schrift „Die institutionelle Garantie" (AöR NF Bd. 23 [1933], S. 378).
[45] AöR NF Bd. 23 (1933), S. 51 f., 62.
[46] *Klein*, Garantien, S. 166 ff.
[47] S. 288 ff.
[48] Verfassungsänderung, S. 290.
[49] AöR NF Bd. 22 (1932), S. 115; vgl. auch S. 111 ebenda.
[50] Freiheitsrechte, S. 14 = Aufsätze, S. 158.

IV. Der Einengungsversuch von Dennewitz

Im äußersten Gegensatz zu Loewenstein gelangte Dennewitz in seiner Schrift „Die institutionelle Garantie" (1932) zu scharfer Beschränkung des neuen Begriffs. Er wies die — von ihm irrig als „Institutionsgarantien" bezeichneten — Institutsgarantien aus dem Zusammenhang mit den institutionellen Garantien, da sich in ersteren (Dennewitz nennt Art. 119 [Ehe], 152 [Vertragsfreiheit], 153 [Eigentum] und 154 WRV [Erbrecht]) ein für den Staat der Weimarer Verfassung konstitutiver Grundbestand bürgerlicher Ordnung ausdrücke. Diese Gewährleistungen gehörten zum politisch-organisatorischen Bestand der Verfassung und könnten nicht zugleich Garantien losgelöster staatlicher Einrichtungen sein[51]. Damit sei der entscheidende Unterschied zwischen den Garantiegruppen bestimmt, nicht dadurch, ob die gewährleistete Einrichtung öffentlich-rechtlicher oder privatrechtlicher Art sei[52].

Im übrigen engte Dennewitz den Bereich der institutionellen Garantie dadurch ein, daß er eine derartige Gewährleistung nur da annehmen wollte, wo vom monarchischen deutschen Staat überkommene und mit dem Staat verbundene, freilich nicht zum politisch-organisatorischen Teil der Verfassung gehörige, Einrichtungen Gegenstand der Garantie seien[53]. Wesentlich auf der Grundlage dieser Begriffsbestimmung gelangte er dazu, lediglich institutionelle Garantien für die kommunale Selbstverwaltung und das Berufsbeamtentum anzuerkennen (Art. 127, 129 WRV)[54]. Seine Bemühungen blieben in noch stärkerem Maße als die Loewensteins ohne Anklang[55, 56].

---

[51] Garantie, S. 39 f.
[52] a. a. O., S. 40 mit Anm. 91.
[53] a. a. O., S. 45, 41.
[54] a. a. O., S. 41/42, 45 f., 56.
[55] Kritik bei *Klein*, Garantien, u. a. S. 4 f. Anm. 7; E. R. *Huber*, AöR NF Bd. 23 (1933), S. 377, 378.
[56] Zu dem die Einrichtungsgarantien betreffenden Schrifttum der Weimarer Zeit sei noch folgendes bemerkt: *Maunz-Dürig* meinen (Art. 1 Abs. 3, Rdnr. 97 Anm. 3), zu den Schrifttumsnachweisen bei *von Mangoldt-Klein*, Vorbem. A VI 3 vor a) Anm. 11 sei unbedingt *Boehmers* Abhandlung über Artikel 154 WRV im Nipperdeyschen Grundrechtskommentar (III, S. 250 ff.) nachzutragen. *Klein* hat jedoch bei seinen Nachweisen *Boehmers* Beitrag zu Recht nicht genannt, da er offensichtlich lediglich Schrifttum zur Lehre von den Einrichtungsgarantien im eigentlichen Sinne bringen will. *Boehmer* entwickelt zwar (a. a. O., S. 253 ff.) die Bedeutung der Artikel 119, 120, 152 Abs. 1, 153 Abs. 1, 154 Abs. 1 WRV als die der Gewährleistung von für eine abendländische Rechtsordnung wesensnotwendigen Privatrechtsinstituten, die der Abschaffung oder Aushöhlung durch einfaches Gesetz entzogen seien und knüpft an Martin *Wolffs* erwähnten Beitrag an. Er findet aber gerade in Carl *Schmitts* erster Darstellung des Begriffs der institutionellen Garantie Kritikbedürftiges und erachtet *Smends* Deutung der Grundrechte als Integrationselement für seiner eigenen Meinung entsprechend (a. a. O., S. 254 f. Anm. 7). Die Lehre von den Einrichtungsgarantien aber ist von dem Smendschen Grundrechtsverständnis scharf zu trennen.

B. Die Zeit von 1933 bis 1945

Die Einrichtungsgarantien der Weimarer Verfassung mußten in der Zeit des nationalsozialistischen Regimes notwendigerweise ihre Bedeutung verlieren. Die Weimarer Verfassung ist zwar zu keinem Zeitpunkt ausdrücklich aufgehoben oder außer Kraft gesetzt worden. Seinem Wesen und seiner Herkunft nach jedoch konnte der totalitäre Führerstaat sich an die Verfassung der demokratischen Republik nicht mehr für gebunden halten. Aber auch eine neue Selbstbindung der Staatsgewalt im Sinne der früheren Garantien mußte der Natur des Regimes widerstreiten. Art. 2 des Ermächtigungsgesetzes vom 24. 3. 1933 (RGBl. I S. 141) legte fest, daß die von der Reichsregierung beschlossenen Reichsgesetze von der Reichsverfassung abweichen könnten, soweit sie nicht die Einrichtung des Reichstags und des Reichsrats als solche zum Gegenstand hätten. So konnte Eberhard Menzel 1937 „Das Ende der institutionellen Garantien"[57] (nämlich der Einrichtungsgarantien insgesamt) anzeigen, manchem Versuch entgegen, die Lehre in zum Teil radikal gewandelter Form am Leben zu erhalten. Diese Versuche[58] hatten zum großen Teil in bedenklicher Weise politische Momente im Auge, etwa, wenn sie die einmal zu besserer Erfassung eines Grundrechtsteils entwickelten Sätze auf die NSDAP anwenden wollten[59]. Aber abgesehen davon waren die Versuche auch dort, wo sie juristisch blieben, praktisch inhaltslos. Kennzeichnend kann es genannt werden, wenn von Lympius-Küchenhoff in ihrem Kommentar zu Gemeindeverfassungs- und Gemeindefinanzgesetz vom 15. 12. 1933 zwar den Art. 127 WRV als noch gültige institutionelle Garantie der kommunalen Selbstverwaltung ansehen[60], aber ihn entsprechend Art. 2 des Ermächtigungsgesetzes als für die Reichsregierung durchbrechbar erklären müssen[61]. Die Lehre von den Einrichtungsgarantien hatte 1933 angesichts der neuen Verhältnisse ihre Daseinsmöglichkeit verloren; es kann nicht verwundern, daß Menzel sie 1937 für überholt ansah[62, 63].

Bemerkt werden muß freilich, daß in der Praxis der Verwaltung die früher einmal verfassungskräftig garantierten Einrichtungen auch weiter teilweise in erheblichem Umfang respektiert wurden. Diese tat-

---

[57] AöR NF Bd. 28 (1937), S. 32 ff.
[58] Näheres bei *Menzel*, a. a. O., S. 53 ff.
[59] Nachweise bei *Menzel*, a. a. O., S. 59.
[60] Gemeindeverfassungsgesetz § 1, Erl. 1; § 53, Erl. 8, 9.
[61] a. a. O., § 1, Erl. 1.
[62] AöR NF Bd. 28 (1937), S. 53 ff.
[63] Ernst Rudolf *Huber* erklärte und begründete 1939 noch einmal die Absage an die Lehre von den Einrichtungsgarantien (Verfassungsrecht, insbesondere S. 360 ff.; wie schon in der Vorauflage „Verfassung", insbesondere S. 212 ff.).

sächliche Lage war jedoch nicht normativ bedingt; ein verfassungsrechtliches Hindernis für gegenteilige Vorgänge bestand nicht mehr.

C. Die Zeit vor Inkrafttreten des Bonner Grundgesetzes

Mit dem Wiederbeginn deutscher Staatlichkeit in den Ländern nach 1945 lebte die Lehre von den Einrichtungsgarantien in der Auslegung der neuen Verfassungstexte wieder auf. Bereits in dem 1948 erschienenen, von Nebinger herausgegebenen Kommentar zur Verfassung für Württemberg-Baden spiegelte sie sich vielfach wider. Von der Ehe, Familie, dem Erziehungsrecht der Eltern sowie von dem Erziehungsrecht der in ihren Bünden gegliederten Jugend, der christlichen Gemeinschaftsschule, dem Religionsunterricht in der Schule, der Hochschulselbstverwaltung und der kommunalen Selbstverwaltung, auch vom Eigentum wird hier ausgeführt, daß sie unter dem Schutz von Einrichtungsgarantien stünden[64]. Dabei ist die Scheidung zwischen institutionellen Garantien und Institutsgarantien allerdings nicht ganz klar durchgeführt. Im gleichen Jahre nahmen auch Nawiasky-Leusser in ihrem Kommentar zur Verfassung des Freistaates Bayern die Weimarer Lehre auf, übrigens unter durchgängiger Verwendung des Begriffs „institutionelle Garantie", gaben ihr freilich nicht den Raum wie der Nebingersche Kommentar[65].

Insgesamt gesehen konnte die Deutung des Grundgesetzes, was diese Lehre betrifft, nicht nur an Weimarer Erkenntnisse, sondern auch an deren Bekräftigung im Nachkriegsdeutschland anknüpfen.

---

[64] *Nebinger*, Art. 16, Erl. 2; Art. 17, Erl. 2; Art. 36, Erl. IV 1, 4; Art. 37, Erl. IV 1; Art. 39, Erl. 1; Art. 40, Erl. 3; Art. 98, Erl. 2; Art. 8, Erl. 1.
[65] *Nawiasky-Leusser*, Vorbem. vor Art. 98 S. 177; Erl. zu Art. 103 S. 186; Erl. zu Art. 124 S. 205.

Abschnitt II

Die im Bonner Grundgesetz enthaltenen Einrichtungsgarantien; ihre Gruppierung und Abgrenzung im allgemeinen

A. Die Unterteilung der zu untersuchenden Verfassungsbestimmungen nach herrschender Meinung

Geleitet durch die Weimarer Erkenntnisse findet man bei Überprüfung der Bestimmungen des Bonner Grundgesetzes eine Anzahl von Sätzen, die sie auszeichnende gemeinsame Merkmale mit den Einrichtungsgarantien der früheren Lehre teilt, insbesondere objektive Gehalte zum Gegenstand hat. Diese Bestimmungen können als die Einrichtungsgarantien des Grundgesetzes bezeichnet werden. In der Tat wird heute allgemein davon ausgegangen, daß das Grundgesetz ebenso wie die Weimarer Verfassung derartige Garantien enthält. Im weiteren unterscheidet die herrschende Lehre auch heute innerhalb der Einrichtungsgarantien derart, daß das Ergebnis der von Carl Schmitt eingeführten Gruppierung „Institutionelle Garantien (Sicherungen öffentlich-rechtlicher Einrichtungen) — Institutsgarantien (Sicherungen privatrechtlicher Einrichtungen)" entspricht, allenfalls mit gewissen, durch Verschiebung der beiden Untergruppen gegeneinander bedingten Einschränkungen[1]. Freilich tritt

---

[1] Vgl. *Scheuner*, Recht — Staat — Wirtschaft, Bd. 4, S. 93 f.; Verfassungsschutz, S. 68 f. Anm. 11; Werner *Weber*, GR II, S. 355 mit Anm. 36; E. R. *Huber*, Wirtschaftsverwaltungsrecht, insbesondere II, S. 394 mit Anm. 10; auch *Koellreutter*, Staatsrecht, S. 62 (der allerdings nicht von Instituts-, sondern von Institutionsgarantien spricht); ferner (mit Einschränkungen) *Zinn-Stein*, Vorbem. IV 5 vor Art. 1; *Dirksen*, Feiertagsrecht, S. 15; weiter *Maunz-Dürig*, Art. 1 Abs. 3, Rdnr. 97. Carl *Schmitt* hält unverändert an der von ihm entwickelten Unterscheidung fest: Aufsätze, S. 173 (Nachwort zu „Freiheitsrechte und institutionelle Garantien"). Anders: *Enneccerus-Nipperdey*, Allgemeiner Teil, S. 92 (§ 15 II 4 b), wo ohne Unterteilung nur für den Grundrechtskatalog; *Ule*, DV 1949, 334, der nur institutionelle Garantien kennt. *Geiger*, Staatslexikon, Art. Grundrechte, Sp. 1131 Ziff. 10, spricht ebenfalls für den Bereich der Grundrechtsbestimmungen des Grundgesetzes nur von institutionellen Garantien (Besitzstandsgarantien), von institutionellen Garantien und Institutsgarantien ohne nähere Unterscheidung dagegen in „Die Grundrechte in der Privatrechtsordnung", S. 9/10. Vgl. ferner noch *Dahm*, Deutsches Recht, S. 294. — Unklar bleibt, wie *Bachof*, 39. DJT 1951, S. D 105 (Diskussionsbeitrag) — unter verwirrender Bezugnahme auf Carl *Schmitt* —

gelegentlich die Charakterisierung der Untergruppe Institutsgarantien durch den Hinweis auf die privatrechtliche Natur der geschützten Einrichtungen zugunsten anderer Kennzeichnungen zurück, etwa der Bezeichnung dieser Gegebenheiten als grundlegender Ordnungen des Gemeinschaftslebens[2]. Allein Maunz-Dürig weichen in der Kennzeichnung des im Verhältnis der beiden Garantiearten unterscheidungsbildenden Merkmals klar ab; für sie ist entscheidend, ob die Einrichtungsgewährleistung einem Grundrecht zugeordnet ist — dann soll eine Institutsgarantie vorliegen — oder nicht — dann soll eine institutionelle Garantie gegeben sein —[3]. Sie erklären aber ausdrücklich, daß im Ergebnis auch Carl Schmitts Differenzierung zutreffend sei.

Es bedarf indes noch genauerer Prüfung, ob die gängige Einteilung der Einrichtungsgarantien wirklich haltbar ist. Eine ganze Reihe von im Zusammenhang der Lehre erhobenen Einwänden ist mit dieser Einteilung unvereinbar. Zum einen handelt es sich dabei um die Ansicht Friedrich Kleins, im Grundgesetz seien nicht nur Rechtseinrichtungen, sondern auch gesellschaftliche Sachverhalte gewährleistet, woraus sich für Klein ein völlig neuartiger Systematisierungsvorschlag ergibt. Zum

---

unterscheiden will, wenn er ausführt, institutionelle Garantie bedeute Garantie irgendwelcher Rechtsstellungen durch eine verfassungsgesetzlich gesicherte Institution, Institutsgarantie die Garantie eines bestimmten Instituts, etwa des Eigentums an sich, Art. 28 GG als Institutsgarantie und institutionelle Garantie — Garantie des Instituts der Selbstverwaltung und darum auch institutioneller Rechte der Selbstverwaltungskörperschaften — ansieht und in Art. 33 Abs. 5 GG nur eine Institutsgarantie findet. Die institutionelle Garantie scheint hier stark subjektiviert zu sein. Später hat *Bachof* diese Differenzierung nicht mehr aufgegriffen.

[2] *Scheuner*, Recht — Staat — Wirtschaft, Bd. 4, S. 93; Verfassungsschutz, S. 68 mit Anm. 11 S. 68 f.; vgl. weiter *Dirksen*, a. a. O., — Bei *Schlochauer*, Öffentliches Recht, S. 46 f. (im einzelnen S. 49 ff.), tritt die Kennzeichnung der von ihm Ordnungsgarantien genannten Institutsgarantien durch *Schmitt* noch stärker zurück; im übrigen werden der genannten Gruppe auch die Einrichtungen des Schulwesens betreffende Bestimmungen zugeschlagen. Diese insoweit besondere Systembildung hat von dem hier vertretenen Standpunkt aus keine hervortretende Bedeutung, da sie die institutionelle Garantie der staatlichen Schulaufsicht (Art. 7 Abs. 1 GG) nicht kennt, die auch von *Schlochauer* möglicherweise so und nicht als Ordnungsgarantie gewertet werden müßte, da sie sicherlich eine Einrichtung betrifft, die der Erfüllung von Staatsfunktionen dient (vgl. *Schlochauer*, a. a. O., S. 47). Gehört aber diese Bestimmung unter die institutionellen Garantien, könnte das Bedeutung für die Einordnung weiterer im Bereich der grundgesetzlichen Schulvorschriften angenommener Einrichtungsgarantien haben. Jedenfalls unterscheidet sich die hier vorgenommene Einteilung von der *Schlochauers* im Ergebnis nur hinsichtlich Art. 7 Abs. 3 S. 1 GG (Garantie der Lehrfacheigenschaft des Religionsunterrichts).

[3] *Maunz-Dürig*, Art. 1 Abs. 3, Rdnr. 97. Bei Erna *Scheffler*, GR IV/1, S. 257 Anm. 61, wird nicht ganz deutlich, ob sie die von ihr befürwortete Unterscheidung zwischen Garantien vorstaatlicher — Institutsgarantien — und Garantien erst vom Staat geschaffener Einrichtungen — institutionelle Garantien — für ergebnisgleich mit der von Carl *Schmitt* durchgeführten ansieht.

anderen liegen eine Anzahl Äußerungen vor, die teils die von Carl Schmitt geschiedenen Gruppen zusammenfassen wollen, teils Ansichten vertreten, die den Wegfall der Gruppe der Institutsgarantien bedeuten. Die Auseinandersetzung mit diesen Meinungen ist also nicht nur notwendig, um die treffendste Einteilung der Einrichtungsgarantien zu ermitteln; sie entscheidet gleichzeitig darüber, wie weit der Kreis dieser Garantien überhaupt gezogen werden kann.

B. Die Einführung der Figur des garantierten gesellschaftlichen Sachverhalts durch Friedrich Klein; das hieran geknüpfte System

Gegenüber der von Carl Schmitt vorgenommenen, von ihm selbst früher vertretenen[4] Einteilung der Einrichtungsgarantien führt Klein nunmehr kritisch an, es gebe nicht nur garantierte Rechtseinrichtungen; auch gesellschaftliche Sachverhalte, also Einrichtungen in natürlichem Sinne, Lebensformen, würden von der Verfassung gewährleistet, und zwar in vier verschiedenen Arten[5]:

1. (Selbständige) Garantien gesellschaftlicher Sachverhalte; sie fänden sich im Grundgesetz nicht; ein Beispiel biete Art. 164 WRV („Der selbständige Mittelstand in Landwirtschaft, Gewerbe und Handel ist in Gesetzgebung und Verwaltung zu fördern und gegen Überlastung und Aufsaugung zu schützen").

2. Garantien gesellschaftlicher Sachverhalte in Verbindung mit Garantien von (Rechts-)Einrichtungen; hier seien die gesellschaftlichen Sachverhalte durch rechtliche Anerkennung auf die rechtliche Ebene erhoben. Als Beispiele aus dem Grundgesetz nennt Klein: die akademische Selbstverwaltung (Art. 5 Abs. 3), die kommunale Selbstverwaltung (Art. 28 Abs. 2), das Berufsbeamtentum (Art. 33 Abs. 5), das Richtertum (Art. 92), die Vereine und Gesellschaften des Art. 9, Ehe und Familie (Art. 6) sowie die politischen Parteien des Art. 21.

3. Garantien gesellschaftlicher Sachverhalte in Verbindung mit Grundrechten. Als hierhergehörige gesellschaftliche Sachverhalte sind für Klein im Grundgesetz die Versammlung (Art. 8) und die Wohnung (Art. 13 — etwa mit der Folge der Unzulässigkeit einer Zwangskaser-

---

[4] *Garantien*, insbesondere S. 96 ff.
[5] *von Mangoldt-Klein*, Vorbem. A VI 3. Lediglich eine Gewährleistung von Grundrechten und Rechtseinrichtungen findet *Klein* offensichtlich in Art. 14 Abs. 1 S. 1 GG (a. a. O., Art. 14, Erl. II 6 vor a) hinsichtlich Eigentum und Erbrecht). Neben dieser Gruppierung nimmt *Klein* noch eine danach vor, ob die Garantien Grundrechten zugehören oder nicht (wesensmäßige und denknotwendige Zugehörigkeit — *von Mangoldt-Klein*, Vorbem. A VI 3 b), A VI 3 d)).

nierung des ganzen Volkes durch den einfachen Gesetzgeber) geschützt; daneben ständen die entsprechenden subjektiven öffentlichen Rechte.

4. Garantien gesellschaftlicher Sachverhalte in Verbindung mit (Rechts-)Einrichtungen und Grundrechten. In diesem Zusammenhang nennt Klein die Pressefreiheit (Art. 5 Abs. 1 S. 2), die Freiheit von Kunst und Wissenschaft, Forschung und Lehre (Art. 5 Abs. 3) und die Vereinigungsfreiheit (Art. 9).

Insgesamt könne man von „Rechtseinrichtungsgarantien" und „Lebensformgarantien" sprechen, wobei im Einzelfall die Elemente beider Arten zusammentreffen könnten. Als Oberbegriff komme die freilich nicht ganz treffende Bezeichnung „Einrichtungsgarantie" in Betracht.

Soweit Klein von „Garantien gesellschaftlicher Sachverhalte in Verbindung mit Garantien von (Rechts-)Einrichtungen" spricht, kann dieser Bezeichnung eine zutreffende Angabe entnommen werden. Nicht gefolgt werden kann Klein freilich, wenn er allgemein erklärt, in der genannten Gruppe seien die gesellschaftlichen Sachverhalte durch rechtliche Anerkennung auf die rechtliche Ebene erhoben. Keineswegs sind die von Klein hierher gerechneten Garantieobjekte in der vorgefundenen Form vom Gesetzgeber nur bestätigt worden. Der Gesetzgeber hat vielmehr die Lebenssachverhalte auch mit neuen Zügen versehen. Er ist nicht nur anerkennend, sondern auch schöpferisch tätig gewesen. Die fraglichen Rechtseinrichtungen haben aber auch eine von Leben erfüllte Seite, sie funktionieren, wie unten noch darzulegen sein wird, in der Wirklichkeit und reichen insoweit in die gesellschaftlichen Zusammenhänge. Wenn dieses mit der von Klein gebrauchten Bezeichnung gemeint wird, trifft sie für die genannte Gruppe zu. Allerdings wird hier der Kreis der Garantien im einzelnen wesentlich anders und enger gezogen.

Abweichend davon stellt sich die Frage nach der Richtigkeit von Kleins Ausdehnung der Lehre jedoch, was die drei anderen der von ihm aufgeführten Gruppen anbelangt. Selbständige Garantien gesellschaftlicher Sachverhalte kennt das Grundgesetz freilich nach seiner Ansicht nicht. Es erscheint aber durchaus denkbar, daß in Verfolg der Kleinschen Lehre doch noch die Entdeckung einer derartigen Gewährleistung angezeigt wird. Eindeutig praktische Bedeutung gewinnt diese Lehre, wenn Klein von den Garantien gesellschaftlicher Sachverhalte in Verbindung mit Grundrechten (unter Anführung von Art. 8 und 13 GG) sowie von Garantien gesellschaftlicher Sachverhalte in Verbindung mit (Rechts-)Einrichtungen und Grundrechten spricht (in den von ihm zu letzterem genannten Beispielen sind allerdings nach hier vertretener Ansicht keine Einrichtungsgarantien zu sehen; Klein müßte jedoch hierher richtigerweise die Garantie von Ehe und Familie [Art. 6 Abs. 1 GG] zählen). Spä-

B. Einführung der Figur des garantierten gesellschaftl. Sachverhalts

testens an dieser Stelle wird eine Auseinandersetzung mit dem Problem, ob auch — noch — nicht zur Rechtseinrichtung gewordene oder einer Rechtseinrichtung irgendwie zugeordnete Lebenssachverhalte verfassungsrechtlichen Garantieschutz erhalten können, unabweisbar.

Kleins Ausweitung des Einrichtungsbegriffs ist in der Literatur noch nicht eingehender erörtert worden. Insbesondere Hans Julius Wolff und Rüthers haben sie gebilligt[6]. Deutlich ablehnend hat sich als bislang einziger Lerche geäußert[7]. Er meint, es sei doch wohl recht fraglich, ob das Grundgesetz die von Klein bezeichneten Sachverhalte selbst und nicht nur ihren Schutz garantieren wolle und könne. Was solle gelten, fragt er, wenn sich etwa das Bestehen des Sachverhalts „Presse" wegen Fortentwicklung anderer Kommunikationsformen nicht mehr lohne. Nach Lerches Ansicht liegt Kleins Lehre eine Verwechslung der gesellschaftlichen Sachverhalte mit den Normenkomplexen zugrunde, die ihr freies Funktionieren ermöglichen. Weder die Kunst noch die Freiheit der Kunst seien Rechtseinrichtungen, sie selbst könnten auch nicht garantiert werden, wohl aber jene Normenkomplexe, die diese Freiheit ermöglichten (gegen von Mangoldt-Klein, Vorbem. A VI 3 c) vorletzter Abs.). Das Kasernierungsbeispiel Kleins überzeuge nicht: die Kasernierung wäre nicht deshalb verfassungswidrig, weil damit die Wohnung als Gattung, als gesellschaftlicher Sachverhalt durch den Gesetzgeber abgeschafft werden würde, sondern, weil es ein Recht am Wohnungsbesitz (= Wohnungsgenuß) gebe.

Zunächst ist zu der Kleinschen Neubildung zu bedenken, daß grundsätzlich gesetzgeberische Maßnahmen und gesellschaftliche Gegeben-

---

[6] H. J. *Wolff*, Verwaltungsrecht I, S. 176; *Rüthers*, Streik, S. 33 ff.; weiter billigend *Reinelt*, Rundfunk in der Verfassungsordnung, S. 74/75; zustimmend wohl auch Franz *Schneider*, Presse- und Meinungsfreiheit, S. 127/128. Eine mindestens begrenzte Zustimmung findet sich bei *Wertenbruch*, Menschenwürde, S. 97 (zu Art. 5 Abs. 3 GG). Wenigstens als Vorstufe zur Ansicht *Kleins* erscheint es, wenn *Füßlein* davon spricht, daß in Art. 9 GG das Institut des Vereins als einer verfassungsmäßig gebilligten Form des sozialen Zusammenwirkens vorausgesetzt und anerkannt, in Art. 8 GG das Institut der Versammlung als eine für die Demokratie unentbehrliche Form der Meinungsäußerung und Meinungsbildung anerkannt werde (GR II, S. 429/430; S. 443); gegen ihn: *Lerche*, Übermaß, S. 242 Anm. 336. Unentschieden: *Sasse*, AöR Bd. 85 (1960), S. 434. Vgl. außerdem *Hamann*, 1. Aufl., Art. 5, Erl. C 6: Die Pressefreiheit (Art. 5 Abs. 1 S. 2) sei nicht nur als Individualgrundrecht, sondern zugleich als institutionelle Garantie eines soziologischen Sachverhalts zu verstehen. Diese Formulierung ist in der 2. Auflage des Kommentars nicht mehr enthalten; dort wird nur noch von institutioneller Garantie gesprochen (Art. 5, Erl. B 6). Der Schutzbereich der angenommenen Garantie wird aber fast unverändert bestimmt, so daß ein Wandel der Wertung nicht angenommen werden kann.

[7] Übermaß, S. 241 f. Anm. 336. Zuvor schon knapp: DVBl. 1958, 528 Anm. 51. *Maunz-Dürig* äußern lediglich im Zusammenhang mit Bedenken gegen die von ihnen befürchtete „Institutionalisierung großen Stils" einen Vorbehalt gegenüber der neuen Lehre *Kleins* (*Maunz-Dürig*, Art. 1 Abs. 3, Rdnr. 98 Anm. 4).

heiten auf verschiedenen Ebenen liegen. Im eigentlichen Sinne kann der Gesetzgeber einen gesellschaftlichen Sachverhalt nicht wie eine Rechtseinrichtung abschaffen oder beeinträchtigen, weil dem Lebenssachverhalt gegenüber keine derogierende Gesetzeskraft gegeben ist. Die gesellschaftlichen Sachverhalte werden erst durch das gesetzausführende Handeln der Exekutive angegriffen. Der Gesetzgeber kann gesellschaftliche Gegebenheiten also lediglich gefährden. Selbst wenn man Gefährdungen eines bestimmten Maßes als verfassungswidrig ansehen wollte, wäre doch schwerlich jemals mit Sicherheit zu erkennen, ob das unzulässige Maß erreicht sei. Es würde immer wieder ungewiß sein, in welchem Umfang eine bestimmte gesetzgeberische Maßnahme gesellschaftliche Lagen zu beeinflussen geeignet wäre, zumal bei der gebotenen objektiven, nicht etwa nur auf verfassungsfeindliche Intentionen der Urheber der Maßnahme abstellenden Betrachtungsweise auch die Möglichkeit eingerechnet werden müßte, daß gesellschaftliche Gegenkräfte der Verwirklichung des Gesetzes u. dgl. entgegenwirken könnten. Es sei hier darauf verwiesen, daß Klein 1934 bei scharfer Kritik an Ernst Rudolf Hubers These[8], Art. 164 WRV (Mittelstandsschutz) enthalte eine „unentwickelte" institutionelle, und zwar korporative Garantie, sehr zu Recht Hubers eigenes Zugeständnis, es werde — hinsichtlich des Mittelstandes — im Einzelfall schwer zu sagen sein, was nun eigentlich verboten und was zulässig sei[9], hervorgehoben hat[10]. Folglich kann es nicht als objektivierter Wille des Grundgesetzgebers[11] angesehen werden, daß gesellschaftliche Sachverhalte dem Gesetzgeber gegenüber abgeschirmt werden sollen.

Immerhin könnte man an eine nur gegen die Exekutive gerichtete Garantiengruppe denken. Nun wird aber eine einzelne Regierungs- oder Verwaltungsmaßnahme kaum jemals geeignet sein, den gemäß weiter unten noch zu Entwickelndem allein als geschützt in Betracht kommenden Wesenskern eines Lebenssachverhaltes anzutasten. Hierfür kommt wohl allein eine diesem Sachverhalt feindliche Politik der Exekutive in Frage. Daß etwas Derartiges selten sein wird, liegt auf der Hand. Die Annahme des Bestehens von lediglich der Exekutive Schranken setzenden — Nipperdeys Annahme einer „Drittwirkung" von Einrichtungsgarantien wird unten grundsätzlich abgelehnt und kann auch hier keine Geltung beanspruchen — Garantien gesellschaftlicher Gegebenheiten müßte also mit der Feststellung verbunden werden, daß sie nur höchst geringe praktische Bedeutung hätte.

---

[8] AöR NF Bd. 23 (1933), S. 76 f.
[9] a. a. O., S. 77.
[10] *Klein*, Garantien, S. 323.
[11] Vgl. zu diesem Auslegungsziel etwa BVerfGE 1, 299 (312).

B. Einführung der Figur des garantierten gesellschaftl. Sachverhalts

Diesem geringen Grad von Bedeutung einer solchen Annahme tritt außerdem, was die von Klein angenommene Untergruppe „(Selbständige) Garantien gesellschaftlicher Sachverhalte" betrifft, ein schwerwiegendes Bedenken entgegen. Die als verfassungsrechtlich geschützt angesehenen Sachverhalte würden nämlich gerade durch die Garantie in das Blickfeld des Gesetzgebers gerückt und in höherem Maße als zuvor seinem Regelungs- und Gestaltungsinteresse ausgesetzt. Sie könnten leicht trotz ihrer besonderen Struktur den bekannten Rechtseinrichtungen ähnlich erscheinen. Hinsichtlich dieser darf der Gesetzgeber aber im Vorfeld des jeweiligen Wesensgehaltes grundsätzlich frei schalten; er ist nur nicht befugt, die Einrichtung als solche anzutasten. Entsprechend könnte er sich, was die fraglichen Lebenssachverhalte angeht, die ihm ja nicht einmal eine Wesensgehaltssperre entgegensetzen würden, zur Betätigung, nämlich zur Verrechtlichung dieser Gegebenheiten, aufgerufen fühlen. Die verfassungsrechtliche Garantie, obgleich nicht gegenüber dem Gesetzgeber ausgesprochen, würde die gesicherten Gehalte jedenfalls näher an den Bereich der gesetzgeberischen Aktivität heranrücken. Sie wäre natürlich keine Ermächtigung zu vordem Untersagtem, aber unter Umständen ein Anreiz zu früher nicht ins Auge Gefaßtem. Insgesamt könnte dies sicherlich nicht als begrüßenswert angesehen werden.

Außerdem ist mit Lerche die Möglichkeit zu sehen, daß ein gewissermaßen vorschnell garantierter gesellschaftlicher Sachverhalt seine Bedeutung einbüßt und die ihm zuteil gewordene Gewährleistung damit ihren Sinn verliert. Allerdings kann es auch außerhalb des von Klein angenommenen Garantiebereichs zum Bedeutungsverlust von Verfassungsbestimmungen kommen; in dem von Lerche angeführten Fall könnte ja auch die Daseinsberechtigung des Grundrechts der Pressefreiheit in Frage gestellt werden.

Gegen die Annahme von Garantien gesellschaftlicher Sachverhalte in Verbindung mit Grundrechten (die Nennung von Art. 8 und 13 GG in diesem Zusammenhang ist übrigens, wie sich aus Darlegungen Kleins zu Art. 5 Abs. 3 GG ergibt[12], nur beispielhaft) sowie von Garantien gesellschaftlicher Sachverhalte in Verbindung mit (Rechts-)Einrichtungen und Grundrechten ist außerdem folgendes zu sagen: Es erscheint nicht statthaft, gesellschaftlichen Sachverhalt und zugehöriges Grundrecht so voneinander zu trennen wie Rechtseinrichtung und zugehöriges Grundrecht. Beim Eigentum etwa ist das subjektive Recht des einzelnen nur denkbar, wenn die Rechtseinrichtung Eigentum besteht. Sie ist Voraussetzung und Grundlage des subjektiven Rechtes. Dieses Verhältnis besteht jedoch hinsichtlich der gesellschaftlichen Sachverhalte Kleins,

---

[12] *von Mangoldt-Klein*, Art. 5, Erl. X 2 b).

soweit sie Grundrechtsbezug haben, nicht. Hier ist der gesellschaftliche Sachverhalt nur nach Maßgabe der dem Individualrecht entsprechenden Betätigung, des entsprechenden Verhaltens, gegeben. Er wird erst dadurch, daß sich einzelne entsprechend verhalten, konstituiert und kann nicht diesem Verhalten vorausliegend gedacht werden. Die gesellschaftlichen Sachverhalte Wohnung und Versammlung werden durch entsprechendes Verhalten gebildet, sie sind die Folge davon, daß es zur Versammlung, zur Wohnungnahme einzelner kommt. Damit bedarf es aber in diesem Bereich keines Doppelschutzes. Die fraglichen gesellschaftlichen Sachverhalte sind geschützt, insoweit das entsprechende Grundrecht Schutz gewährt, über dessen Bereich sie nicht hinausgreifen. Dem entspricht es, wenn Lerche, wie dargestellt, den Kasernierungsfall Kleins mit Hilfe des Grundrechts aus Art. 13 Abs. 1 GG löst.

Die Lehre Kleins, im Grundgesetz seien nicht nur Rechtseinrichtungen, sondern auch gesellschaftliche Sachverhalte garantiert, ist also abzulehnen. Das auf ihr beruhende Einteilungssystem kann nicht als Arbeitsgrundlage dienen.

C. Weitere für Bereich und Einteilung der Einrichtungsgarantien im Grundgesetz bedeutsame Lehrmeinungen

I. Stier-Somlos Ablehnung der Lehre von den Einrichtungsgarantien

Die Lehre von den Einrichtungsgarantien ist in der Weimarer Zeit, wie bereits dargelegt, von Stier-Somlo mit der Doppelbegründung verworfen worden, es sei nicht angängig, unter die Grundrechte gestellten Rechtssätzen den Grundrechtscharakter zu entziehen, und die fraglichen Bestimmungen dürften als Inhalt der Grundrechte nicht von diesen unterschieden werden. Auch wenn man diese Ansicht für das Grundgesetz billigen wollte, würde sie nunmehr nichts gegen die von ihr bekämpfte Lehre insgesamt besagen können, da in der geltenden Verfassung auch Einrichtungsgarantien außerhalb des — im Verhältnis zur Weimarer Verfassung wesentlich schmäleren — Grundrechtsteils aufgewiesen werden können. Übrigens kannte schon die Weimarer Zeit mindestens eine Einrichtungsgarantie außerhalb des Grundrechtsteils der damaligen Reichsverfassung, nämlich die Gewährleistung der Unabhängigkeit der Rechtspflege in den Art. 102 ff.[13], was Stier-Somlos Argumentation bereits erschüttern mußte. Immerhin würde die Billigung der erwähnten Meinung heute den Fortfall der richtigen Ansicht nach sämtlich Grundrechtsbezug aufweisenden, als Institutsgarantien qualifizierbaren Bestimmungen aus der Gruppe der Einrichtungsgaran-

---

[13] Vgl. die Nachweise bei *Klein*, Garantien, S. 291 ff., insbesondere S. 292 f.

C. Weitere für Bereich und Einteilung bedeutsame Lehrmeinungen

tien bedeuten[14]. Die bereits früher abgelehnte[15] Auffassung Stier-Somlos kann aber auch für das Grundgesetz keine Gültigkeit beanspruchen.

Einmal ist zu keinem Zeitpunkt von den Vertretern der Schmittschen Lehre angenommen worden, eine Einrichtungsgarantie könne nicht zusammen mit einem subjektiven Recht auftreten. Das Gegenteil ist der Fall: Schmitt selbst hat schon in der „Verfassungslehre" die Verbindung von „institutioneller Garantie" und subjektiven Rechten von einzelnen oder Korporationen ohne weiteres für zulässig erachtet[16]. Es ist auch nicht ersichtlich, was dem begrifflich entgegenstehen sollte[17]. Die Institutsgarantien insbesondere sind vielmehr Sicherung der Wirkungsmöglichkeit der mit ihnen verbundenen Grundrechte; die verfassungskräftig geschützten Institute geben den Grundrechten ja die Grundlage, auf der sie sich entfalten können. Diese Garantien sind für den Bestand der Grundrechte unerläßlich, sie sind ihnen geradezu denknotwendig zugeordnet[18].

Zum anderen konnte und kann nicht daraus hergeleitet werden, daß von „institutionellen Garantien" in der geltenden Verfassung selbst nicht die Rede ist, auch nicht in der Überschrift eines ihrer Teile, sondern lediglich der Begriff Grundrecht dort erscheint. Ein derartiger Begriff kann sich der Analyse eben als Oberbegriff darstellen, der weitere Differenzierung verlangt.

II. Die Wertung der Institutsgarantien durch Dennewitz

Wie bereits im Rahmen des geschichtlichen Überblicks ausgeführt, wollte Dennewitz für die Weimarer Verfassung die Institutsgarantien von den institutionellen Garantien lösen — was die Schmittsche Gruppierung hinfällig machen würde —, da erstere im Gegensatz zu letzteren zum Politisch-Organisatorischen der Verfassung gehörten; sie seien für die vorhandene Staatsform konstitutiv[19]. Dennewitz stellt aber selbst nicht den objektiven, den „Einrichtungs"charakter der von den Institutsgarantien erfaßten Gegebenheiten in Abrede. Dann kann aber die Zusammenfassung dieser Garantien mit denjenigen, die öffentlich-rechtlichen Einrichtungen gelten, im Rahmen systematischer Bemühungen

---

[14] Ein Grundrecht ist auch in Art. 6 Abs. 1 GG enthalten: Überblick über den Meinungsstand bei *Scheffler*, GR IV/1, S. 253 f.; dazu noch — bejahend — *Maunz-Dürig*, Art. 1 Abs. 3, Rdnr. 98 Anm. 1.
[15] *Klein*, Garantien, S. 53 ff.
[16] Verfassungslehre, S. 170; weiter S. 172, 173, 174 ebenda.
[17] Vgl. *Klein*, Garantien, S. 172 ff. (für die institutionelle Garantie im engeren Sinne).
[18] Vgl. dazu *von Mangoldt-Klein*, Vorbem. A VI 3 d).
[19] Garantie, S. 40.

durchaus sinnvoll sein. Sie muß nicht an Unterschieden in der Nähe oder Ferne zum Grundbestand der konkreten Staatlichkeit scheitern, die auf einer weiteren Stufe der Prüfung im einzelnen ermittelt werden können, wobei zu berücksichtigen ist, daß auch die durch institutionelle Garantien gesicherten Einrichtungen das Bild des Staatswesens mitzuprägen geeignet sind. Für das Grundgesetz jedenfalls wird man Dennewitz also nicht beitreten können.

III. Hamels Verständnis des Grundrechtsteils

Von ganz anderer Seite als Stier-Somlo stellt Hamel in seiner Schrift „Die Bedeutung der Grundrechte im sozialen Rechtsstaat" (1957) die Lehre von den Einrichtungsgarantien in Frage. Für ihn sind alle Grundrechte Institute der Verfassung, die durch Rechtsformen Funktionen der Freiheit gewährleisten sollen, wobei in der Formulierung gelegentlich die institutionelle, meist die Seite des subjektiven Rechtes heraustrete[20]. Die Grundrechte hätten nicht den Sinn, vereinzelte Einrichtungen oder subjektive Rechte des privaten oder des öffentlichen Rechts in der Verfassung zu verankern. Man dürfe daher keine Einteilung in Institutsgarantien, institutionelle Garantien und Garantien subjektiver Rechte verschiedener Art vornehmen; damit würden Institute der Verfassung, die die Einheit aller Differenzierung zum Ziel hätten, nach Gesichtspunkten der Differenzierung erklärt. Die Garantie sei institutionell, wenn und weil das Garantierte Institut der Verfassung sei[21].

Die Ansicht Hamels ist wie die Stier-Somlos nicht geeignet, die Lehre von den Einrichtungsgarantien insgesamt zu entkräften; sie könnte lediglich die Herausstellung der im Grundrechtsteil enthaltenen Institutsgarantien hinfällig machen und den Bereich der Einrichtungsgarantien an diesem Teil der Verfassung enden lassen.

Die Meinung Hamels muß sich den Vorwurf der Einseitigkeit gefallen lassen. Es wird schon nicht ganz deutlich, wie seine Objektivierung des Grundrechtsteils verstanden werden soll. Auf keinen Fall kann sie aber das Verfahren der konstruktiven, die Einzelgehalte der Normen ermittelnden Auslegung der Verfassung unzulässig machen. Jede Auslegung aus dem Bereich der wichtigsten Sätze der geschriebenen Rechtsordnung zu verbannen, muß unvertretbar erscheinen. Wie immer Hamel seine Objektivierung des Grundrechtsteils verstehen mag, sie kann seine Schlußfolgerung nicht tragen[22].

---

[20] Bedeutung, insbesondere S. 18 ff.
[21] a. a. O., S. 20.
[22] Kritik von *Lerche* an *Hamel:* Übermaß, S. 240 Anm. 333.

C. Weitere für Bereich und Einteilung bedeutsame Lehrmeinungen

IV. Zulässigkeit der Scheidung nach Rechtsgebieten innerhalb der Einrichtungsgarantien?

Leisner will neuerdings die von Carl Schmitt eingeführte Einteilung mit dem Verweis darauf in Frage stellen, daß sie nur aus der Sicht scharfer Trennung von öffentlichem Recht und Privatrecht Bedeutung habe, die durch das neuartige Übergreifen des Verfassungsrechts in das Privatrecht zu mindern aber den ideengeschichtlichen Sinn der Institutslehre ausmache[23].

Die Anerkennung der Lehre von den Institutsgarantien bedeutet allerdings, von der Aufnahme der elementaren Privatrechtsinstitute als solcher in die Verfassung auszugehen. Es ist nicht zu bestreiten, daß sich durch diese Aufnahme öffentliches Recht und Privatrecht treffen, auch dadurch übrigens, daß innerhalb der Verfassung sich diesen Rechtsgebieten Angehörendes — eben die Gegenstände der Institutsgarantien und der institutionellen Garantien — zusammenfindet. Hiermit sind jedoch die unterverfassungsmäßigen, durch die neuere geschichtliche Entwicklung begründeten Unterschiede zwischen diesen Gebieten in ihrer Gesamtheit nicht hinfällig. Daß die Verfassung sich für Privatrecht interessiert, hebt dieses auf eine besondere Ebene, indem ihm erhöhte Stabilität verliehen wird. Es bleibt aber zugleich doch auch als Teil eines besonders strukturierten Rechtsgebietes Privatrecht. Erst recht verlieren nicht die großen Privatrechtsbereiche, die nicht mit Verfassungsgarantie ausgestattet worden sind, diese Eigenschaft. Die Lehre von den Institutsgarantien kann nicht bedeuten, die im Laufe der Rechtsentwicklung ausgebildeten Differenzen — wobei hier ganz dahinstehen kann, welches Kriterium entscheidend ist — zwischen Privatrecht und öffentlichem Recht[24] seien nicht mehr existent. Damit ist es aber grundsätzlich — weiter — zulässig, Einrichtungen, denen die Verfassung Dauer verleihen will, nach den Rechtsgebieten zu scheiden, denen sie entstammen. In seiner hier interessierenden Konsequenz kann Leisner also nicht gefolgt werden.

Im übrigen wird noch darzulegen sein, daß sich die Gruppen der institutionellen Garantien und der Institutsgarantien, so wie sie hier gebildet werden, zusätzlich noch durch Nichtzusammenhang und Zusammenhang mit Grundrechten sowie dadurch unterscheiden, daß sie entweder lebensmäßig funktionierende Einrichtungen oder bloße Normenkomplexe sichern.

---

[23] *Leisner*, Grundrechte, S. 93 ff. (insbesondere S. 93 mit Anm. 110); allgemein-kritisch auch *von Mangoldt-Klein*, Vorbem. A VI 3 b).
[24] Vgl. dazu z. B. Werner *Weber*, HDSW, Art. Öffentliches Recht, S. 40 ff. mit Literaturangaben; weitere Nachweise etwa bei *Enneccerus-Nipperdey*, Allgemeiner Teil, S. 224 Anm. 1 (§ 34).

V. Einrichtungsgarantien und Wesensgehaltsgarantie des Art. 19 Abs. 2 GG

Dürig hält es für möglich, gegen die Lehre von den Einrichtungsgarantien insgesamt Stellung zu nehmen, da ihr ursprüngliches Ziel, gegenüber einem im Zeichen des Positivismus allmächtigen Gesetzgeber eine Grundrechtsvernichtung auszuschließen, heute positivrechtlich von Art. 19 Abs. 2 und 79 Abs. 3 GG erreicht werde[25].

Art. 79 Abs. 3 GG muß in diesem Zusammenhang ausscheiden[26], da diese Bestimmung eine Grenze für die Verfassungsänderung festlegt; die Einrichtungsgarantien sollen gerade den einfachen Gesetzgeber hemmen. Soweit unter der Geltung der Weimarer Reichsverfassung hinsichtlich der durch einzelne Einrichtungsgarantien gesicherten Gehalte Unabänderlichkeit auch gegenüber verfassungsänderndem Gesetz angenommen wurde, zog man den entsprechenden Schluß aus Inhalt und Bedeutung der entsprechenden Vorschriften, nicht aber aus der Lehre von den Einrichtungsgarantien als solcher[27]. Diese Lehre und die in Art. 79 Abs. 3 GG aufgenommene Unabänderlichkeitsproblematik gehören verschiedenen Bereichen an. Art. 79 Abs. 3 kann folglich nichts dazu beitragen, die in Betracht kommenden Einrichtungen gegen ihren Wesenskern berührende Maßnahmen nichtverfassungsändernder Art zu schützen.

Was Art. 19 Abs. 2 GG angeht, ist fraglich, wie weit der Bereich für seine unmittelbare Anwendung reicht[28]. Immerhin könnte durch die Wesensgehaltsgarantie zumindest die Gruppe der richtiger Ansicht nach sämtlich Grundrechtsbezug aufweisenden Institutsgarantien Carl Schmitts überflüssig geworden sein. Jedenfalls wird die Bestimmung des Art. 19 Abs. 2 GG von zahlreichen Stimmen mit der Lehre von den Einrichtungsgarantien in Verbindung gebracht, mindestens in der Form, daß Art. 19

---

[25] *Maunz-Dürig*, Art. 1 Abs. 3, Rdnr. 98; *Sasse*, AöR Bd. 85 (1960), S. 439.

[26] Anders *Leisner*, Grundrechte, S. 152 mit Anm. 85; vgl. auch *Wieacker*, Privatrechtsgeschichte, S. 328; außerdem *Lerche*, Übermaß, S. 242 Anm. 337. Wie *Dürig* scheint *Lerche* den Sinn des Art. 79 Abs. 3 ausweiten zu wollen, wenn er GR IV/1, S. 478 Anm. 103 für eine andere Fragestellung bemerkt, zur Absicherung des Art. 1 sei namentlich wegen Art. 79 Abs. 3 Art. 19 Abs. 2 überflüssig.

[27] Vgl. *Klein*, Garantien, S. 248 ff. (S. 250 ff.) mit zahlreichen Zitaten und Nachweisen.

[28] Vgl. etwa zu Art. 28 Abs. 2 GG einerseits *von Mangoldt-Klein*, Art. 19, Erl. V 2 d); Art. 28, Erl. IV 1 d) (allerdings ergibt sich aus den angeführten Erläuterungen, daß *Klein* den Art. 19 Abs. 2 im Bereich von Art. 28 Abs. 2 zunächst nicht unmittelbar, sondern nur den in ihm ausgedrückten Grundsatz anwenden will; dann aber zieht er doch offenbar die Bestimmung selbst heran); *Ipsen*, DÖV 1955, 229; andererseits *Maunz-Dürig*, Art. 28, Rdnr. 32; *Maunz*, VerwRspr. Bd. 4 (1952), S. 210 (Urteilsanmerkung); ferner *Stern*, JR 1963, 204 (links).

C. Weitere für Bereich und Einteilung bedeutsame Lehrmeinungen 39

Abs. 2 als Einrichtungsgarantie, institutionelle Garantie, Institutsgarantie bezeichnet wird[29].

Die positive Wesensgehaltsgarantie macht jedoch die Figur der Institutsgarantie nicht hinfällig. Sie ist dieser gegenüber nämlich kein neues Element, das zum Ersatz des alten geeignet wäre, sondern erklärt hinsichtlich der Institutsgarantien nur nochmals, was durch diese Bestimmungen bereits unmittelbar gilt. Wie in der Weimarer Verfassung sind im Grundgesetz unmittelbar wirkende Sicherungen fundamentaler Privatrechtseinrichtungen enthalten. Wenn etwa Art. 14 Eigentum und Erbrecht gewährleistet, ist damit direkt die verfassungsrechtliche Bestandsgarantie für Institute ausgesprochen, deren Bestehen Voraussetzung der entsprechenden subjektiven Rechte ist. Von einem Bestehen der Institute kann aber nur die Rede sein, wenn ein Kernbestand, der das Institut als solches darstellt, unversehrt bleibt. Nichts anderes kann Art. 19 Abs. 2 GG in diesem Zusammenhang besagen. Er ist also seinerseits, jedenfalls was die verfassungsrechtlichen Gewährleistungen von Einrichtungen des Privatrechts angeht — und entsprechend von solchen des öffentlichen Rechts, soweit man ihn auf solche beziehen will (Art. 28 Abs. 2 GG) —, überflüssig: ein Institut unter verfassungsrechtlichen Schutz stellen heißt eben, sein Wesen bewahren wollen. Daß der Wesensgehalt bewahrt bleiben soll, muß nicht nochmals ausgesprochen werden[30].

Nicht weiter soll hier der Frage nachgegangen werden, ob Art. 19 Abs. 2 GG überhaupt rechtstheoretisch überflüssig ist, etwa deshalb, weil auch das Setzen von Grundrechten im Sinne von subjektiven Rechten das Setzen eines Wesensgehalts einbegreift — von Mangoldt-Klein und andere nehmen dies an[31], und die eben hinsichtlich der Institutsgarantien angestellten Erwägungen könnten darauf hindeuten. Andererseits

---

[29] Vgl. Herbert *Krüger*, DVBl. 1950, 627; *Wieacker*, Privatrechtsgeschichte, S. 328; *Leisner*, Grundrechte, S. 91, 152 ff.; *Süsterhenn-Schäfer*, Art. 60, Erl. 3; auch Werner *Weber*, GR II, S. 357; unklar *Spanner*, VerwArch. Bd. 51 (1960), S. 167; *Lerche*, DVBl. 1958, 528 Anm. 51 (Einrichtungsgarantie in dem besonderen, von Lerche zur Überwindung der Antithese Freiheit — Einrichtung [s. dazu weiter unten] entwickelten Sinn); *Giese*, Grundgesetz, 4. Aufl., Art. 19, Erl. II 4; *Häberle*, Wesensgehaltsgarantie, S. 236 ff. (institutionelle Garantie — letzterer in ausführlicher Darlegung); Herbert *Krüger*, Kartellgesetzgebung, S. 13; *Schätzel*, VVDStRL 10 (1952), 50 (Institutsgarantie).

[30] Vgl. auch *Lerche*, Übermaß, S. 249. Damit entfällt auch die Notwendigkeit, Art. 19 Abs. 2 GG im Bereich der Einrichtungsgarantien entsprechend (so *Thieme*, Öffentlicher Dienst, S. 42/43 [für Art. 33 Abs. 4 und 5]) oder dort den in ihm angeblich zum Ausdruck gekommenen allgemeinen Grundsatz (so etwa *von Mangoldt-Klein*, Art. 19, Erl. V 2 d)) anzuwenden.

[31] *von Mangoldt-Klein*, Vorbem. B XV 3 c); Art. 19, Erl. V 7 a); *Scheffler*, GR IV/1, S. 250; *Häberle*, Wesensgehaltsgarantie, S. 234 ff. mit differenzierterer Begründung.

hat sich Lerche um eine neuartige Sinngebung bemüht[32]. Es kann in diesem Zusammenhang darauf verwiesen werden, daß Carl Schmitt schon zur Zeit der Weimarer Verfassung, die eine dem Art. 19 Abs. 2 GG entsprechende Bestimmung nicht kannte, die Meinung vertreten hat, in den Freiheitsgarantien seien Garantien des überlieferten typischen Maßes staatlicher Eingriffe mitbeschlossen[33], was auf eine Art Wesensgehaltsgarantie hinauszulaufen scheint, auf eine Garantie aber, die aus der jeweiligen Norm selbst folgt.

D. Die als institutionelle Garantien und als Institutsgarantien in Betracht kommenden Bestimmungen des Grundgesetzes im einzelnen und die Einteilung der institutionellen Garantien in Gewährleistungen von verselbständigten Formen der Staatsorganisation sowie von rechtsfähigen Korporationen

Werden nunmehr die ins Auge gefaßten Vorschriften des Grundgesetzes darauf überprüft, welche von ihnen als institutionelle Garantien und welche als Institutsgarantien in Betracht kommende Bestimmungen enthalten, so ergibt sich:

Institutionelle Garantien können entnommen werden dem Art. 5 Abs. 3 S. 1 (Gewährleistung der Selbstverwaltung der wissenschaftlichen Hochschulen), dem Art. 7 Abs. 1 (Gewährleistung der staatlichen Schulaufsicht) und Abs. 3 S. 1 (Gewährleistung der Eigenschaft des Religionsunterrichtes, ordentliches Lehrfach zu sein), dem Art. 28 Abs. 2 (Gewährleistung der kommunalen Selbstverwaltung), dem Art. 33 Abs. 4 und 5 (Gewährleistung des Berufsbeamtentums), dem Art. 92 in Verbindung mit Art. 97 (Gewährleistung des unabhängigen Richtertums) sowie dem gemäß Art. 140 GG rezipierten Art. 137 Abs. 5 S. 1 WRV (Gewährleistung der Stellung als Körperschaften des öffentlichen Rechts für Religionsgesellschaften).

Institutsgarantien enthalten Art. 6 Abs. 1 (Gewährleistung von Ehe und Familie) sowie Art. 14 Abs. 1 S. 1 GG (Gewährleistung von Eigentum und Erbrecht).

Diese Untergruppen können also einmal danach unterschieden werden, daß die zur erstgenannten gehörenden Bestimmungen im öffentlichen Recht wurzelnde Gegebenheiten, die zur letztgenannten gehörenden Vorschriften Rechtseinrichtungen privatrechtlicher Art sichern. Ferner sind die Institutsgarantien jeweils mit einem Grundrecht des Grund-

---

[32] Übermaß, S. 239 ff. mit der *Kleins* Auffassung von der Überflüssigkeit der Bestimmung entgegengesetzten Schlußfolgerung S. 245 f.
[33] HdBDStR II, S. 592 = Aufsätze, S. 209 f.; Freiheitsrechte, S. 26 f. = Aufsätze, S. 166; vgl. auch Verfassungslehre, S. 176.

D. Die Bestimmungen im einzelnen; weitere Unterteilung 41

rechtsteils verbunden; bei den institutionellen Garantien ist das nicht der Fall — mit einer gewissen Einschränkung für Art. 5 Abs. 3 GG (Wissenschaftsfreiheit), wobei aber zu berücksichtigen ist, daß das betreffende Grundrecht jeden wissenschaftlich Arbeitenden schützt[34], während die institutionelle Garantie lediglich die wissenschaftlichen Hochschulen betrifft. Die Institutsgarantien können also auch im Anschluß an Carl Schmitt[35] als konnexe und komplementäre Garantien bezeichnet werden. Ein drittes, weiter oben bereits angedeutetes Unterscheidungsmerkmal wird noch dargestellt werden.

Ernst Rudolf Huber wollte, wie ausgeführt, 1933 die Gruppe der institutionellen Garantien weiter unterteilen, nämlich in Gewährleistungen von verselbständigten Formen der Staatsorganisation und von rechtsfähigen Korporationen. Er hält offenbar noch an dieser Unterteilung fest[36]. Klein hat sie mit dreifacher Begründung kritisiert[37]: Er hat darauf hingewiesen, daß Huber seine Einteilung selbst in Frage stelle, wenn er einräume, die Bestimmungen über die Art des Schulwesens zeigten bereits einen gewissen Übergang zur Garantie selbständiger Korporationen. Ferner hat er darauf verwiesen, daß die richtigerweise Art. 142 WRV zu entnehmende institutionelle Garantie der Lehrfreiheit an den Universitäten in keine der Huberschen Untergruppen eingeordnet werden könne. Schließlich hat Klein noch Hubers Angabe bemängelt, bei den gewährleisteten Organisationsprinzipien gebe es keinen eigentlichen Träger der Garantie, und hierzu dargelegt, einmal habe die garantierte

---

[34] Vgl. *von Mangoldt-Klein*, Art. 5, Erl. X 4 b).

[35] HdBDStR II, S. 592, insbesondere Anm. 77 S. 592 f. = Aufsätze, S. 210; Freiheitsrechte, S. 27 ff. = Aufsätze, S. 167 ff.; vgl. auch die abschließende Bemerkung *Schmitts* in seinem Nachwort zu „Freiheitsrechte und institutionelle Garantien", Aufsätze, S. 173. Vgl. außerdem *von Mangoldt-Klein*, Vorbem. A VI 3 d); *Maunz-Dürig*, Art. 1 Abs. 3, Rdnr. 97; *Klein*, Garantien, S. 232 ff. mit Hinweis insbesondere auf Franz *Neumann* (S. 234 f. Anm. 16). — Ein Unterschied zwischen den Begriffen „konnex" und „komplementär" ist übrigens in diesem Zusammenhang nie gemacht worden.

[36] Vgl. Wirtschaftsverwaltungsrecht I, S. 250 Anm. 2. *Huber* erweitert außerdem jetzt den Begriff institutionelle Garantie in institutionelle und funktionelle Garantie für die Fälle, in denen nicht nur das Recht auf korporative Existenz, sondern auch das auf eine bestimmte korporative Tätigkeit gewährleistet sei (Wirtschaftsverwaltungsrecht II, S. 381 f. mit Anm. 5). Hierbei bewegt er sich jedoch bereits außerhalb des Gebietes der Einrichtungsgarantien, so wie es hier bestimmt wird. Jedenfalls von der klassischen Ausprägung der Lehre her gesehen irrig werden durch ihn den Gewährleistungen objektiver Gegebenheiten, die den Bereich der Einrichtungsgarantien ausmachen, Gewährleistungen subjektiver Rechtsstellungen (Gruppenrechte) zugeschlagen, was besonders deutlich wird, wenn *Huber* von der Koalitionsfreiheit (Art. 9 Abs. 3 GG) sagt, sie bedeute in einem zweiten Bestandteil ein Grundrecht der Koalitionen auf Existenz und Tätigkeit im Sinne einer institutionellen und funktionellen Garantie (a. a. O., S. 381/382). Eine jedenfalls ähnliche Auffassung gibt *Huber* in Selbstverwaltung, S. 63 zu erkennen.

[37] *Klein*, Garantien, S. 168 f.

staatliche Schulaufsicht (Art. 144, 149 Abs. 1 S. 3 WRV) einen Träger, zum anderen könne Hubers Ansicht den Schluß nahelegen, bei den Korporationsgarantien sei stets ein Träger der Institution vorhanden, was vor allem für Art. 137 WRV nicht zutreffen würde.

Die im Zusammenhang des zuletzt angeführten Arguments von Klein gemachten Ausführungen können für das Grundgesetz Geltung insofern beanspruchen, als drei der obengenannten institutionellen Garantien einen Institutionsträger kennen, diese aber nicht der gleichen Untergruppe einzuordnen wären: die Garantie der staatlichen Schulaufsicht (Institutionsträger: der Staat) müßte als Organisationsgarantie, die Garantie der kommunalen Selbstverwaltung (Institutionsträger: die Kommunalkörperschaften) sowie die Garantie der Selbstverwaltung der wissenschaftlichen Hochschulen (Institutionsträger: die Hochschulen) müßten als Korporationsgarantien eingegliedert werden. Hiermit ist aber nur gesagt, daß die Frage der Trägerschaft im Bereich der institutionellen Garantien[38] keine unterscheidungsbegründende und weiter im Bereich der Einrichtungsgarantien insgesamt auch keine gruppenbildende Bedeutung hat, sondern ein im Zusammenhang der einzelnen Garantie gegebenes Problem ist. Schon die Bezeichnung der beiden von Huber herausgestellten Untergruppen macht klar, daß das Vorhandensein oder Nichtvorhandensein eines Trägers der Institution keineswegs alleiniges Unterscheidungsmerkmal ist. Die von Huber vorgeschlagene Unterteilung könnte verwendet werden, wenn nicht die weiteren von Klein vorgebrachten Gegengründe durchgreifen sollten.

Wenn Klein sich weiter darauf beruft, die institutionelle Garantie der Lehrfreiheit finde in dem System Hubers keinen Platz, muß dem entgegnet werden, daß weder Art. 142 WRV noch Art. 5 Abs. 3 GG eine derartige Garantie in dem einst entwickelten und hier vertretenen Sinn enthalten. Die Lehrfreiheit ist anders als die oben angeführten Gegebenheiten keine Einrichtung des öffentlichen Rechts im Sinne eines bestimmt gearteten objektiven Elements. Als Institution in dieser Wortbedeutung kommt lediglich die Selbstverwaltung der wissenschaftlichen Hochschulen in Betracht, die entsprechende Garantie kann ohne weiteres als Korporationsgarantie angesehen werden.

Soweit Klein schließlich auf Hubers Vorbehalt hinsichtlich der Einstufung der in Betracht gezogenen Schularartikel der Weimarer Verfassung hinweist, ist zu entgegnen, daß die beiden hier für das Grundgesetz herangezogenen Bestimmungen über Schulaufsicht und Religionsunterricht ohne weiteres als Organisationsgarantien eingegliedert werden könnten, da sie nur Teile eines Schulsystems betreffen. Nur die Garantie

---

[38] Vgl. hierzu noch *Klein*, a. a. O., S. 170 ff.

D. Die Bestimmungen im einzelnen; weitere Unterteilung

eines derartigen Systems als eines Ganzen könnte als Korporationsgarantie überhaupt in Frage kommen.

Kleins Bedenken gegen den erörterten Einteilungsvorschlag kann folglich nicht beigetreten werden.

Man wird dementsprechend für das Bonner Grundgesetz innerhalb der institutionellen Garantien zwischen Organisationsgarantien in Art. 7 Abs. 1, Abs. 3 S. 1, 33 Abs. 4 und 5, 92 in Verbindung mit 97 und Korporationsgarantien in Art. 5 Abs. 3 S. 1, 28 Abs. 2 und 140 GG/137 Abs. 5 S. 1 WRV unterscheiden können — wobei nicht aus dem Auge verloren werden darf, daß die Korporationsgarantien sehr unterschiedliche Wirkungskraft haben, wie schon Huber dargelegt hat[39] —. Dieser Unterschied bleibt aber an Gewicht hinter den die institutionellen Garantien als Gruppe auszeichnenden und den sie von den Institutsgarantien sondernden gemeinsamen Merkmalen zurück.

---

[39] AöR NF Bd. 23 (1933), S. 63, 68.

Abschnitt III

Die gemeinsamen Merkmale der als Einrichtungsgarantien angesehenen Verfassungsbestimmungen

A. Die institutionelle Garantie

I. Die bisherigen Definitionen

In der hier einschlägigen Literatur findet sich lediglich eine genauere Definition der institutionellen Garantie. Sie ist von Friedrich Klein in seiner bereits mehrfach angezogenen Monographie aus dem Jahre 1934 gegeben worden. Im übrigen wird nur jeweils eins der beiden Begriffselemente der institutionellen Garantie definitorisch bestimmt.

Carl Schmitt äußerte sich 1931[1] dahin, eine institutionelle Garantie setze selbstverständlich eine Institution voraus, nämlich „formierte und organisierte und daher umgrenzbare und unterscheidbare Einrichtungen öffentlich-rechtlichen Charakters"[2]; ferner gab er zu erkennen, Gegenstand einer institutionellen Garantie müsse eine „Einrichtung im Sinne einer Organisation oder Anstalt des öffentlichen Rechts" sein[3]. Kurz zuvor hatte Schmitt ausgeführt, die institutionelle Garantie betreffe bestehende Einrichtungen, und zwar „Einrichtungen des öffentlichen Rechts, die einen Teil der öffentlichen Verwaltung öffentlicher Angelegenheiten ausmachen"[4]. Diesen Bestimmungen des hier in Frage stehenden Begriffs „Institution" hat neuerdings Sasse eine Definition angereiht, die ein vorher ungenanntes Element enthält. Institution im Sinne der Lehre von den verfassungsrechtlichen Gewährleistungen ist für ihn „ein durch öffentlich-rechtliche Normen geprägter, in der Wirklichkeit funktionierender Ordnungszusammenhang, dessen Bestand zu-

---

[1] Die Definition in der „Verfassungslehre" (1928), S. 171, gilt noch einem einheitlichen Begriff von Einrichtung.
[2] Freiheitsrechte, S. 10 = Aufsätze, S. 149.
[3] Freiheitsrechte, S. 13 = Aufsätze, S. 153.
[4] HdBDStR II, S. 596 = Aufsätze, S. 215. Die angeführten Äußerungen *Schmitts* legen übrigens die Vermutung nahe, daß auch er gelegentlich den Begriff „Institution" verabsolutiert und nicht nur als Formel für Auslegungsergebnisse verstanden hat.

A. Die institutionelle Garantie

mindest bei der rechtlichen Etablierung des Staates in hohem Grade als Eigenwert empfunden wird"[5, 6].

Ebenso wie im Fall der Institution ist in dem der hier interessierenden Garantie die Zahl der Erklärungen, die den an eine Definition zu stellenden Forderungen genügen, sehr beschränkt. In Betracht kommen Äußerungen von Thoma und Anschütz. Thoma nannte die „Institutsgarantien" (von ihm für „Einrichtungsgarantien" gebrauchte Bezeichnung) „rechtswirksame, an die Legislative gerichtete Verbote, in der Ausgestaltung des Instituts diejenigen äußersten Grenzen zu überschreiten, jenseits deren das Institut als solches vernichtet oder denaturiert wäre"[7]. Anschütz meinte, die Wirkung von Einrichtungsgarantien sei die, „daß das garantierte Institut gegen völlige Abschaffung oder auch nur Verletzung des ‚Minimums dessen, was sein Wesen ausmacht' (Thoma, NippGrR 1 S. 32 — es muß richtig heißen: S. 33 —) unbedingt, d. h. mit Reichsverfassungskraft... geschützt und der einfachen Gesetzgebung nur gestattet ist, innerhalb der hiermit bezeichneten Schranken die Einzelheiten des Instituts zu regeln"[8].

1934 definierte Friedrich Klein dann zusammenfassend: „Institutionelle Garantien sind reichsverfassungsgesetzliche Gewährleistungen existenter, formierter und organisierter, daher umgrenzbarer, unterscheidbarer und typisierbarer öffentlich-rechtlicher Einrichtungen nicht unmittelbar verfassungsorganisatorischen (-konstruktiven, -konstitutiven) Charakters als solcher gegenüber der Reichs- und Landeslegislative und -exekutive mit der Maßgabe, daß zur existentiellen Beseitigung und substantiellen Denaturierung der Institution die für Reichsverfassungsänderungen erforderlichen Voraussetzungen (Art. 76) vorliegen und bei ihrer Ausgestaltung diejenigen äußersten Grenzen eingehalten werden müssen, jenseits deren die Institution als solche vernichtet oder ausgehöhlt wäre"[9].

---

[5] AöR Bd. 85 (1960), S. 447.

[6] Keine Definitionen des hier interessierenden Begriffs „Institution" bringen die schon verschiedentlich genannten Arbeiten von E. R. *Huber* und *Dennewitz*. *Huber* schließt sich zwar grundsätzlich der Begriffsbestimmung *Schmitts* an (AöR NF Bd. 23 [1933], S. 14), hält aber, wie bereits dargestellt, eine Zerlegung des Begriffs für erforderlich und geht dann von dieser beschreibend, nicht definierend gewonnenen Differenzierung aus. *Dennewitz* engt lediglich, wie ebenfalls weiter oben ersichtlich, einen nicht weiter inhaltlich bestimmten Einrichtungsbegriff für das Anwendungsgebiet der institutionellen Garantie durch das Erfordernis der Traditionsgebundenheit ein.

[7] *Thoma*, Nipp. I, S. 30.

[8] *Anschütz*, Vorbem. 8 zum zweiten Hauptteil.

[9] *Klein*, Garantien, S. 165.

II. Zu den Merkmalen im einzelnen

1. Die Institution

a) Normenkomplex und in der Wirklichkeit funktionierender Ordnungszusammenhang; Stabilität

Faßt man die hier auf ihre Gemeinsamkeiten zu untersuchenden Verfassungsbestimmungen ins Auge, so erkennt man alsbald, daß ihr Gegenstand jeweils zwei Ebenen zugehört, oder, anders ausgedrückt, eine Doppelnatur hat.

aa) Die eine der beiden Ebenen wird angegeben durch die Kennzeichnung der Institution als Rechtseinrichtung, die, abgesehen von der Kleinschen Ausweitung, in der Lehre von den Einrichtungsgarantien unstrittig ist[10]. Rechtseinrichtungen haben alle oben zusammengestellten Gewährleistungen zum Gegenstand. In dieser Hinsicht wird die Institution also durch einen Komplex von Rechtsnormen gebildet, und zwar sowohl aus Einzelvorschriften als auch aus durch Zusammenschau von einzelnen Vorschriften gewonnenen Sätzen („Strukturprinzipien", „Grundsätzen" im Sinne des Bundesverfassungsgerichts[11]). Hierbei muß es sich nicht um gesetzliches Recht handeln; Gewohnheitsrecht muß als zur Bildung einer Institution im hier fraglichen Sinne ausreichend, da dem gesetzten Recht gleichwertig, angesehen werden. Letzteres ist allerdings nicht mit den älteren Stimmen in der Literatur in Übereinstimmung zu bringen, die die Möglichkeit der Entstehung von Gewohnheitsrecht im Bereich des Verwaltungsrechts nicht zugestehen wollten[12]. Diese ablehnende Ansicht darf indes für überholt gelten; heute wird dem Gewohnheitsrecht der Bereich des Verwaltungsrechts offengehalten[13]. Das folgt letztlich daraus, daß man der Erscheinung der von Rechtsüberzeugung getragenen langdauernden Übung auch dort die Anerkennung nicht ver-

---

[10] Die Gleichsetzung von Institution und Rechtseinrichtung wird ausdrücklich vorgenommen u. a. bei Carl *Schmitt* an den oben unter I aufgeführten Stellen; ferner bei *Anschütz*, Vorbem. 8 zum zweiten Hauptteil (der allerdings der Scheidung zwischen institutionellen Garantien und Institutsgarantien skeptisch gegenübersteht — s. Anm. 2 a. a. O.); *Klein*, a. a. O.; *Maunz-Dürig*, Art. 1 Abs. 3, Rdnr. 97; *Scheuner*, Recht - Staat - Wirtschaft, Bd. 4, S. 93; *Zinn-Stein*, Vorbem. IV 5 vor Art. 1.

[11] BVerfGE 8, 332 (343 mit Leitsatz 1 S. 332) — zu Art. 33 Abs. 5 GG; 1, 167 (178); 11, 266 (274) — beide letztgenannten Entscheidungen zu Art. 28 Abs. 2 GG; vgl. in ihnen besonders das Begriffspaar „Normen und Grundsätze" (a. a. O.). Vgl. aber auch *Klein*, FA NF Bd. 20 (1959/1960), S. 125: Verfassungskraft für die „Kernbestimmungen", aus denen sich die Kriterien der im Grundgesetz genannten Begriffe ergeben, als Rechtseinrichtungen.

[12] Etwa O. *Mayer*, Verwaltungsrecht, 1. Bd., S. 87 ff.; *Hatschek-Kurtzig*, Lehrbuch, S. 58 ff. (mit Ausnahme für die Observanz S. 49 f.).

[13] Etwa *Forsthoff*, Lehrbuch, S. 131 ff.; H. J. *Wolff*, Verwaltungsrecht I, S. 101 f.

A. Die institutionelle Garantie

sagen und ihr nicht jede Folge verweigern kann[14]. Es kann sich also Verwaltungsgewohnheitsrecht durch von Rechtsüberzeugung begleitete langwährende gleichförmige Übung bilden. Bedeutsam ist das in diesem Rahmen einmal für den Begriff der staatlichen Schulaufsicht (Art. 7 Abs. 1 GG). Er liegt, jedenfalls in gewissem Umfang, gewohnheitsrechtlich fest[15]. Ferner ist die Institution der Hochschulselbstverwaltung von Gewohnheitsrecht geprägt[16]. Die Institution im Sinne der Lehre von den Einrichtungsgarantien ist also einerseits ein Komplex von Rechtsvorschriften des gesetzten Rechts oder des Gewohnheitsrechts.

bb) Zum anderen sind die herausgestellten Garantieobjekte durch eine Teilhabe an den Lebens- und Gesellschaftszusammenhängen ausgezeichnet. Sie bleiben also nicht auf der Ebene des Normativen, sondern funktionieren in der Wirklichkeit; Normenkomplex und von ihm gestaltete Wirklichkeit sind zu einem realen, von Leben erfüllten Ordnungszusammenhang verbunden, wie dies Sasse zur Kennzeichnung der „Institution" deutlich hervorgehoben hat[17]. Schon Carl Schmitt und Ernst Rudolf Huber haben die außerrechtliche Realität der Institution im Sinne der Lehre von den Einrichtungsgarantien unverkennbar umrissen, wenn sie die Begriffsbestimmung dahin gaben, es müsse eine Einrichtung im Sinne einer Organisation oder Anstalt des öffentlichen Rechts sein[18], eine Einrichtung des öffentlichen Rechts, die einen Teil der öffentlichen Verwaltung öffentlicher Angelegenheiten ausmache[19], oder die Unterteilung in Gewährleistungen von rechtsfähigen Korporationen und staatlichen Organisationsprinzipien vornahmen[20, 21]. Die Institutionen sind demnach wirkende Elemente im Staat, sie sind nicht eigentlich nur Ordnungszusammenhänge, sondern auch Ordnungskräfte. Die eben gekennzeichnete Qualität der Institutionen wird in der Darstellung noch an zwei Stellen ihre Bedeutung erweisen: bei der Erörterung der Frage, ob die institutionellen Garantien auch der Exekutive Schranken setzen und als Unterscheidungskriterium angesichts des Institutsbegriffs.

---

[14] Vgl. *Forsthoff*, a. a. O., S. 131.
[15] So besonders deutlich *Heckel*, DÖV 1952, 620; OVG Lüneburg DVBl. 1954, 255 (256).
[16] Vgl. *Thieme*, Hochschulrecht, S. 72.
[17] AöR Bd. 85 (1960), S. 446 f.
[18] *Schmitt*, Freiheitsrechte, S. 13 = Aufsätze, S. 153.
[19] *Schmitt*, HdBDStR II, S. 596 = Aufsätze, S. 215.
[20] E. R. *Huber*, AöR NF Bd. 23 (1933), S. 15, 51 ff.
[21] Nicht zugestimmt kann *Sasse* allerdings werden, wenn er das Element des Funktionierens in der Wirklichkeit in den älteren Definitionen deshalb wiederfindet, weil dort von etwas „Gegenwärtigem", „Bestehendem", „Vorhandenem", „Existentem" die Rede sei. Diese Wendungen sollen doch wohl nur darauf hinweisen, daß der Verfassunggeber die garantierte Institution vorgefunden haben muß (s. dazu weiter unten im Text).

Die institutionellen Garantien betreffen also objektive Elemente, keine subjektiven Rechtsstellungen. Daß dem garantierten objektiven Normenkomplex teilweise zahlreiche subjektive öffentliche Rechte entspringen[22], kann hieran nichts ändern[23], betreffen die Gewährleistungen doch nicht die einzelnen Rechte, sondern die Einrichtung, in deren Rahmen diese stehen[24].

Zu den beschriebenen Qualitäten der Institution tritt die der Stabilität hinzu. Sie besitzt ein Maß an Festigkeit, das sie etwa von bloßen Vorgängen und Abläufen abhebt[25]. Diese Stabilität fehlt beispielsweise der Enteignung des Art. 14 Abs. 3 GG, die Sasse in diesem Zusammenhang ohne endgültige Stellungnahme nennt[26].

b) Institution und Freiheit

Als höchst bedeutungsvoll nicht nur im Interesse begrifflicher Unterscheidung stellt sich nunmehr die Frage nach der Richtigkeit der noch vor kurzem im Grundsatz unangefochtenen Anschauung, die die Freiheit im Sinne der Freiheitsrechte begrifflich schroff der Institution gegenübersetzte und damit Freiheitsrechte und institutionelle Garantien insoweit ganz als Gegensätze, wenn auch mit der Möglichkeit der Verbindung, begriff.

Carl Schmitt hat immer wieder zum Ausdruck gebracht, daß die durch die Freiheitsrechte des bürgerlichen Rechtsstaats gesicherte Freiheit keine Institution (und kein Institut) sei und dazu nicht werden könne[27].

---

[22] *Lerche*, Übermaß, S. 239, geht noch weiter („regelmäßig", „zahllose subjektive öffentliche Rechte").

[23] Anders *Lerche*, a. a. O., S. 238/239.

[24] Wenn *Scheuner* (Verfassungsschutz, S. 68/69) allerdings in Auslegung von Art. 14 GG meint, neben dem subjektiven Freiheitsrecht stehe der objektive Rechtssatz, der das Eigentum als wesentlichen Bestandteil der Privatrechtsordnung und damit als einen Grundpfeiler der Sozial- und Rechtsordnung des Grundgesetzes bestätige und sichere, ist diese Alternative mindestens mißverständlich formuliert. Auch die Freiheitsrechte des Grundgesetzes sind durch objektive Bestimmungen gewährleistet (vgl. dazu *von Mangoldt-Klein*, Vorbem. A VI vor 1 mit Anm. 9). Die Verfassungssätze, die Grundrechte und Einrichtungen gewährleisten, unterscheiden sich nicht durch ihre eigene, sondern durch ihrer Gegenstände Struktur. Ähnlich wie *Scheuner* andererseits wohl *Köttgen*, Gemeinde, S. 16, der im Hinblick auf Art. 28 GG von einer Implikation aller in Betracht kommenden Grundrechte seitens der ihrerseits rein objektiv-rechtlich strukturierten institutionellen Garantie spricht.

[25] Vgl. *Köttgen*, Grundrecht, S. 24 zur „spezifischen Mächtigkeit des Institutionellen".

[26] AöR Bd. 85 (1960), S. 445 f. mit Anm. 90, 92.

[27] Im einzelnen: Verfassungslehre, S. 171 (für die persönliche Freiheit); HdBDStR II, S. 591, S. 592 f. Anm. 77 = Aufsätze, S. 208, S. 210 Anm. 77; JW 1931, 1676; Freiheitsrechte, S. 27, 26 (an letztgenanntem Ort für die persönliche Freiheit) = Aufsätze, S. 167, 166.

A. Die institutionelle Garantie

Ernst Rudolf Huber ist der These Schmitts für das Verhältnis von Freiheit und Institut beigetreten[28] (was folgerichtig dann auch für das Verhältnis von Freiheit und Institution gelten muß), und Klein hat sie insgesamt unterstrichen[29].

Für Schmitt war bei seiner Gegensatz-These entscheidend, daß nur, wenn Maß und Inhalt der Freiheit nicht von anderer Seite bestimmt würden, ein echtes Freiheitsrecht im Sinne der liberalen Vorstellungen des bürgerliches Rechtsstaats vorliege. Deshalb könne der Inhalt der Freiheit nicht staatlich normiert werden und sie nicht „nach Maßgabe" der Gesetze bestehen; der Gesetzesvorbehalt sei Vorbehalt einer Ausnahme, die prinzipiell begrenzt, berechenbar und nachprüfbar sein müsse[30].

Huber stellte einmal heraus, das Freiheitsrecht bedeute eine Anerkennung der natürlichen Freiheit des Individuums und richte sich, vorbehaltlich äußerster, den Mißbrauch abwehrender Schranken, nach deren Maß, während das Rechtsinstitut, in seinem Inhalt durch das positive Recht geordnet, nach Maßgabe der Gesetze bestehe[31], zum anderen wies er darauf hin, daß die altliberalen Freiheitsrechte ihrer Natur nach ungeeignet seien, den Prozeß der Institutionalisierung und Objektivierung, den z. B. das Eigentum erfahren habe, durchzumachen, da sie ihrem Wesen nach notwendig negativ und unorganisiert seien[32]. Hierbei folgte Huber hinsichtlich der Verwendung des Begriffs „Freiheitsrechte" unmittelbar der Lehre Carl Schmitts[33], für den Freiheitsrechte als Grundrechte im bürgerlichen Rechtsstaat ausnahmslos vor- und überstaatlich sind[34]; im übrigen sah er außerhalb des Bereichs der altliberalen Freiheitsrechte einen die subjektiven Berechtigungen überschattenden Objektivierungsprozeß.

Gegen die Antithese Freiheit — Institution hat zunächst Lerche Widerspruch erhoben[35]. Er meint, zwar sei die „Freiheit als solche" keine „Einrichtung", wohl aber die staatliche Anerkennung und Gestaltung der Freiheit, ihr gesetzgeberisches Begreifen und Schützen. Hierauf beziehe sich die Wesensgehaltsgarantie des Art. 19 Abs. 2 GG, als dessen Gegenstand somit das Kernstück der unterverfassungsgesetz-

---

[28] AöR NF Bd. 23 (1933), S. 37, 80.
[29] Garantien, S. 289, S. 288 Anm. 18.
[30] Vgl. Freiheitsrechte, S. 27 = Aufsätze, S. 167; HdBDStR II, S. 591 f. = Aufsätze, S. 208 f.
[31] AöR NF Bd. 23 (1933), S. 37.
[32] a. a. O., S. 80.
[33] a. a. O.
[34] Verfassungslehre, S. 163 ff.
[35] Am ausführlichsten: Übermaß, S. 239 ff.; weiter: GR IV/1, S. 449 Anm. 3; auch S. 478; DVBl. 1958, 528 mit Anm. 51; DVBl. 1961, 693; vgl. aber auch *Scheuner*, Verfassungsschutz, S. 69.

lichen Normenkomplexe, die den einzelnen freiheitlichen Grundrechten zugrunde lägen, der typische Kern, der als „Institut" bezeichnet werden dürfe, aufzufassen sei. Art. 19 Abs. 2 ziele nicht auf das Geschützte (= Freiheit), sondern auf das typisch Schützende (= Normenkomplex), unabhängig davon, daß die betreffenden Normenkomplexe häufig nur durch „Aussparungen" oder gewissermaßen von rückwärts her (etwa durch Strafsanktionen) technisch verwirklicht seien.

Auf klare Ablehnung ist Schmitts Antithese neuestens bei Häberle gestoßen[36]. Dieser entnimmt den Grundrechten des Grundgesetzes einen doppelten Gehalt: einerseits den individualrechtlichen der Verbürgung subjektiver öffentlicher Rechte, andererseits den institutionellen der Gewährleistung freiheitlich geordneter und ausgestalteter Lebensbereiche. Beide Seiten verstärkten sich gegenseitig und bildeten in ihrer Gesamtheit das Grundrecht. Die Grundrechte erschienen vom Grundrechtsberechtigten her gesehen als subjektive öffentliche Rechte, von den Lebensverhältnissen her als Institute. Die Freiheit sei kein Gegenbegriff, sondern Korrelatbegriff zum Institutionellen. Die institutionelle Seite der Grundrechte dürfte der individualrechtlichen weder nachgeordnet noch ihr isolierend gegenübergestellt werden; sie dürfe auch nicht in eine Mittel-Zweckrelation gebracht werden. Sie stehe vielmehr mit dieser in einer Wechselbeziehung und einem Verhältnis der Gleichrangigkeit[37]. Verfassung und Gesetz konstituierten eine bestimmte, oft von der Verfassung vorgefundene und rezipierte Ordnung des jeweiligen Lebensbereichs. Die einzelnen Lebensbereiche würden durch eine Fülle von Normenkomplexen „verfaßt". Durch die Rechtssätze verwirkliche sich die Grundrechtsidee in der sozialen Wirklichkeit. In diese institutionellen Ordnungen würden die Individuen durch die Grundrechte als subjektive öffentliche Rechte eingebettet. Die individuelle Freiheit werde durch objektive Ordnungen gestützt und geprägt. Diese Ordnungen bedürften aber auch des Wirkens der einzelnen. Die individuelle Freiheit finde die Freiheit als Institut vor. In den Lebensverhältnissen habe die individuelle Freiheit ihre Wirklichkeit und finde sie immer von neuem[38]. Die institutionelle Seite der Freiheit bestehe im Recht, da sie durch Verfassungs- und Gesetzesrecht konstituiert sei und im Recht ihre Gestalt besitze[39].

Von dieser Position aus gelangt Häberle dann zu einer neuen Sicht des Verhältnisses Grundrechte — einfacher Gesetzgeber[40]. Letzterer

---

[36] Wesensgehaltsgarantie, S. 92 ff.
[37] a. a. O., S. 70 ff.
[38] a. a. O., S. 96 ff.
[39] a. a. O., S. 93.
[40] a. a. O., S. 116 ff., insbesondere S. 126 ff.

A. Die institutionelle Garantie

habe im Grundrechtsbereich die Funktionen der Grundrechtsbegrenzung und der Grundrechtsausgestaltung. Jede Grundrechtsgewährleistung verbiete dem Gesetzgeber, das Grundrecht zu verletzen, und gebiete ihm, es im einzelnen auszugestalten. Ausgestaltung und Begrenzung der Grundrechte bedeuteten Schaffung ihres Wesensgehaltes. Der Gesetzgeber konkretisiere und interpretiere damit[41]. Häberle sagt dem „Eingriffs- und Schrankendenken" ab; soweit der Gesetzgeber Grundrechte begrenze oder ausgestalte, schränke er sie weder ein noch beschränke er sie noch greife er in sie ein. Eingriffe, Einschränkungen und Beschränkungen von Grundrechten seien ihm untersagt. Recht und Freiheit seien eben keine Gegensätze und nicht trennbar, sondern ineinander stehende Begriffe[42].

Tatsächlich besteht zwischen der Freiheit im Sinne der Freiheitsrechte, als welche im Grundgesetz auch staatlich gewährte Grundrechte in Betracht kommen, etwa die Freiheit der Berufswahl nach Art. 12 Abs. 1, und der Institution ein doppelter Unterschied: nach Struktur und nach Ursprung. Die erste Verschiedenheit gilt allgemein, die zweite nur in einigen Fällen.

Alle Freiheitsrechte scheiden sich dadurch von den institutionellen Garantien, daß ihr Gegenstand „negativ und unorganisiert" (E. R. Huber) ist[43]; sie sichern nicht Normenkomplexe. Zum Normenkomplex wandelt sich die geschützte Freiheit nur, wenn sie zu Gebundenheit, Reglementierung, Zwang wird, aus dem „Negativen" in das „Positive" gekehrt wird[44]. Nur dann kann von Freiheit gesprochen werden, wenn in einem bestimmten regelungsfreien Bereich das Ob, Wann, Wie des Ausnutzens der in diesem und durch diesen Bereich gegebenen Möglichkeiten ganz im Willen des einzelnen steht.

Den beschriebenen Strukturunterschied zwischen Freiheit und Institution kann man auch nicht dadurch überwinden, daß man wie Lerche und Häberle die grundrechtlich gesicherten Positionen in enge Bezie-

---

[41] a. a. O., insbesondere S. 180 ff.

[42] a. a. O., insbesondere S. 222 ff.

[43] Auch Carl Schmitt weist in diesem Zusammenhang gelegentlich auf den negativen Charakter der Freiheitsrechte hin: HdBDStR II, S. 591 = Aufsätze, S. 207 f.

[44] Vgl. dazu Herbert Krügers Gegenüberstellung von subjektivem Freiheitsbegriff (dem auf die Selbstbestimmung abstellenden des modernen Verfassungsstaates) und objektivem Freiheitsbegriff (dem auf die Fremdbestimmung abstellenden des autoritären und des totalitären Staates) Kartellgesetzgebung, S. 13 ff. Kritik an dem subjektiven Freiheitsverständnis Krügers in weitem Rahmen bei Häberle, Wesensgehaltsgarantie, S. 151 mit Anm. 164. Häberle weist a. a. O. mit Recht darauf hin, daß Krügers Freiheits- und Grundrechtsverständnis jetzt gewandelt erscheint (DVBl. 1961, 689 Ziff. 3). Keineswegs aber wird erkennbar, daß Krüger etwa eine der Häberles vergleichbare Position bezogen hätte.

hung zu bestimmten Regelungen des einfachen Gesetzgebers bringt und durch diese die verbürgte Freiheit inhaltlich zu bestimmen sucht. Die Bemühungen der genannten Autoren sind verdienstvoll, weil sie deutlich machen, daß die Grundrechte *auch* von der unterverfassungsrechtlichen Gesetzgebung aus mit Sinn erfüllt werden können und daß es dadurch zu einem bedeutsamen Konkretisierungsvorgang kommt. Aber auch die konkret verstandene, randscharf ausgeformte Einzelfreiheit muß strukturell negativ bleiben, wenn sie ihren Namen beanspruchen will. Verdichten sich die auf die Grundrechtsfreiheit bezogenen Normengefüge zur Totalregelung, die jeglichen Spielraum des Beliebens verschwinden läßt, dann kann von Freiheit nicht mehr die Rede sein. Die Reaktion auf Carl Schmitts These scheint Lerche und insbesondere Häberle über eine begrüßenswerte Verdeutlichung des Verhältnisses von Grundrechten und sachlich auf sie beziehbaren Normen niederen Ranges in eine nicht haltbare Gegenposition gebracht zu haben.

Zu dem von Schmitt zur Begründung der Antithese Freiheit — Institution hauptsächlich verwandten Argument ist in diesem Zusammenhang zu bemerken, daß die durch Freiheitsrechte in seinem Sinne (= Menschenrechte) abgesicherten Freiheiten nicht etwa nur nicht in Institutionen verwandelt werden dürfen, weil das der Idee der Freiheit im bürgerlichen Rechtsstaat zuwiderlaufen würde; es ist schlechterdings nicht möglich, sie durch staatliche Positivierung umzuformen, ohne sie gleichzeitig ihrer Qualität zu berauben. Hier muß also noch stärker akzentuiert werden: es liegt keine relative, durch den Geist der Staatsform bedingte Grenze vor, sondern eine absolute; fraglich ist nur, inwieweit sie von dem konkreten Staat respektiert wird.

Der Versuch Lerches insbesondere scheint aber auch in der Auslegung, die er dem Art. 19 Abs. 2 GG gibt, nicht auf den richtigen Weg zu führen und dadurch zu weiteren Bedenken Anlaß zu geben[45]. Allerdings sind seine Darlegungen insoweit nicht mit letzter Sicherheit deutbar.

Gewiß hilft das „institutionelle" Verständnis der Wesensgehaltsgarantie aus erheblichen Schwierigkeiten, die bei rein „subjektiver" Ausdeutung der Bestimmung (Wesensgehalt des Grundrechts der einzelnen Rechtsträgers) unweigerlich auftreten[46]; gewiß würde bei diesem Verständnis Art. 19 Abs. 2 GG nicht mehr als überflüssig, da eine Selbstverständlichkeit festlegend, angesehen werden können[47]. Immerhin steht der „subjektiven" Auslegung des Art. 19 Abs. 2 mit praktikab-

---

[45] Kritik insofern — nur unter dem Blickpunkt von GR IV/1, S. 478 — bei *Häberle*, a. a. O., S. 124 Anm. 322 („einseitig").

[46] Vgl. dazu *Lerche*, Übermaß, S. 237, S. 237 f. Anm. 324, S. 246 f. mit Anm. 345.

[47] Vgl. dazu *Lerche*, a. a. O., S. 245 f.

A. Die institutionelle Garantie

leren Ergebnissen nicht nur die Theorie Lerches, sondern auch die objektive Theorie Kleins gegenüber (Wesensgehalt des Grundrechts = Wesensgehalt der Grundrechtsbestimmung)[48]. Auf die Möglichkeit, Art. 19 Abs. 2 einen besonderen Sinn abzugewinnen und auf sonstige Vorteile, die Lerches Deutung der Wesensgehaltsgarantie bieten mag (etwa für die Befestigung des Verhältnismäßigkeitsgedankens (Teil des Übermaßverbots) im Grundgesetz[49], aber müßte verzichtet werden, wenn sich herausstellen sollte, daß Lerches Theorie dem Freiheitsraum des einzelnen nicht den Schutz gibt, dessen er bedarf.

Zweifellos führt die institutionelle Deutung des Art. 19 Abs. 2 GG, jedenfalls so, wie Lerche sie offenbar verstanden wissen will, zu einer Erstarrung des Grundrechtsschutzes. Sie bringt es mit sich, daß die Sicherung der Individualsphäre abhängt von dem, was der Verfassunggeber an einschlägigen unterverfassungsrechtlichen Positivierungen vorgefunden hat. Über den — unantastbaren — Kern dieser Normenkomplexe hinaus kann dem einzelnen nichts an Schutz zuwachsen: das ist die Konsequenz der Gleichsetzung des Wesensgehalts im Sinne von Art. 19 Abs. 2 mit einer garantierten „Einrichtung". Nun muß es aber schon für heutige Einsicht zweifelhaft erscheinen, ob allen Gesetzesvorbehalten im Grundrechtsteil des Grundgesetzes hinreichende institutionelle Sicherungen gegenüberstehen[50]. Erst recht aber fragt sich, wie geholfen werden soll, wenn neuartige Gefährdungen auftauchen, deren der Gesetzgeber in keiner Weise gedacht hat, die sich nicht im geringsten in den unterverfassungsrechtlichen Schutzgefügen widerspiegeln, auch nicht in „Aussparungen" — auch letztere müssen ja zu konkreten Einzelnormierungen in Beziehung stehen; würde der Begriff ganz allgemein verstanden, wäre man bei dem herkömmlichen nichtinstitutionellen Verständnis der grundrechtlich gesicherten Sphäre wieder angelangt (vgl. Forsthoffs Begriff der „Ausgrenzungen"[51]). Neue Schutzbedürftigkeiten können sich aber auch in der Folge eines vertieften Verständnisses der menschlichen Persönlichkeit ergeben. Soll dann in der Grundrechtsauslegung ein überkommener Einrichtungskern der Ermittlung des objektivierten Willens des Verfassunggebers hinsichtlich des absolut ge-

---

[48] *von Mangoldt-Klein*, Art. 19, Erl. V 2; ebenso Hans *Peters*, GR IV/1, S. 383 f. mit Anm. 48; *Quaritsch*, DVBl. 1959, 457; Kritik bei *Lerche*, a. a. O., S. 238 f.; *Leisner*, Grundrechte, S. 153, S. 153/154 Anm. 88, S. 156/157; *Häberle*, Wesensgehaltsgarantie, S. 124 Anm. 322.

[49] Vgl. dazu *Lerche*, a. a. O., S. 239, 243 ff.

[50] *Lerche* will seine These auch auf die nicht unter einem gewöhnlichen Gesetzesvorbehalt stehende Lehrfreiheit des Art. 5 Abs. 3 angewandt wissen — ein besonders problematischer Fall: Übermaß, S. 243 Anm. 338 („... weithin nur durch Aussparung verwirklicht...").

[51] VVDStRL 12 (1954), 18, 35 (Leitsatz VII); auch bei *Köttgen*, Gemeinde, S. 45, sowie bei *Ballerstedt*, GR III/1, S. 52; gegen ihn: *Häberle*, Wesensgehaltsgarantie, S. 228 Anm. 552.

schützten Wesensgehalts die Grenze setzen? Schließlich ist es denkbar, daß die fraglichen Normenkomplexkerne hier und da ganz oder zum Teil durch noch wirksamer abschirmende Normen ersetzt werden könnten. Das wäre aber bei Lerches Verständnis von Art. 19 Abs. 2 GG nicht möglich.

Hieraus dürfte folgen, daß die Wesensgehaltsgarantie des Art. 19 Abs. 2 elastischerer Handhabung bedarf, als es die Auffassung als eine „Einrichtungsgarantie" ermöglicht[52].

Es ist also unverändert von einem grundsätzlichen Strukturunterschied zwischen Freiheit und Institution auszugehen.

Diesem allgemeinen Strukturunterschied zwischen Freiheit und Institution tritt ein besonderer Unterschied zur Seite, der für einen Teil der Freiheitsrechte die Distanz noch deutlicher macht. Von den institutionellen Garantien sind nämlich die Freiheitsrechte mit Menschenrechtscharakter schon dadurch getrennt, daß sie dem Staat vorgegeben sind. Der Staat schafft die Institutionen; sie beruhen auf von ihm gesetztem oder in ihm entstandenem Recht. Vorstaatliche Institutionen gibt es nicht[53]. Dagegen vemag er Menschenrechte lediglich deklaratorisch zu bestätigen; er hat sie als vorgefunden hinzunehmen.

Das Fortbestehen der Antithese Freiheit — Institution ist zunächst bedeutsam für die exakte Erfassung und Verwendung der Figuren „Freiheitsrecht" und „institutionelle Garantie". Über das wissenschaftliche Interesse an durch Differenzierung verbessertem Einblick hinaus greift jedoch die Bedeutung der fraglichen Trennung für die Bewahrung verfassungsrechtlich verbürgter Grundrechtspositionen. Der von Maunz-Dürig befürchtete Prozeß der „Institutionalisierung großen Stils"[54], der im Laufe der Zeit subjektive Rechte in öffentliche, institutionelle Pflichtbindungen auflösen könnte, wird erschwert, wenn an dem hier erörterten Gegensatz festgehalten wird. Diese begriffliche Trennung kann zwar nichts darüber besagen, in welchem Umfang dem einzelnen ein Freiheitsraum im Grundgesetz gewährleistet ist. Sie bringt auch keine wie auch immer geartete Vermutung mit sich. Wohl aber ist es bei

---

[52] Auf der Problematik des Art. 19 Abs. 2 GG konnte hier nur im Hinblick auf den Gedankengang *Lerches* zu dem Begriffspaar Freiheit — Institution eingegangen werden. Es sei aber noch angemerkt, daß fraglich scheinen muß, ob *Lerches* institutionelle Deutung dem einzelnen wesentlich mehr Schutz gibt als die von *Lerche* abgelehnte objektive Auslegung der Bestimmung durch *Klein*. Die Theorie *Lerches* will zwar den Gegensatz Objektiv — Subjektiv überwinden, klar ist aber, daß sie wie die objektive Theorie zu der den einzelnen am stärksten begünstigenden subjektiven in eindeutigem Gegensatz steht.

[53] Vgl. Carl *Schmitt*, Verfassungslehre, S. 170 f., 173. Kritik an der Annahme eines Gegensatzes vorstaatliche Freiheitsrechte — nicht vorstaatliche Einrichtungsgarantien bei *Lerche*, Übermaß, S. 240 Anm. 334.

[54] *Maunz-Dürig*, Art. 1 Abs. 3, Rdnr. 98.

A. Die institutionelle Garantie 55

Festhalten an dieser Scheidung nicht möglich, daß subjektive Berechtigungen unmerklich verschwinden, weil ungenaue Terminologie sie als Einrichtungsgewährleistungen bezeichnet und so vielleicht der Auslegung einen neuen Weg weist, der zum Abbau des Freiheitsrechts führt[55].

c) Institution und Identität der Verfassungsordnung

Neuerdings will Sasse die Institution durch eine besondere Qualifikation von den sonstigen öffentlich-rechtlichen Einrichtungen abheben und diese spezifische Qualität ausschlaggebend für die Frage sein lassen, ob überhaupt eine Einrichtungsgewährleistung vorliegt[56]. Er findet im Grundgesetz über die anerkannten Fälle hinaus eine beträchtliche Anzahl von den Begriffsbestimmungen Schmitts und Kleins genügenden öffentlich-rechtlichen Einrichtungen und meint, daß sich hinsichtlich einiger von ihnen eine Garantiefunktion der betreffenden Norm jedenfalls nicht ausschließen lasse[57]. Damit die Verfassung nicht mit überflüssigen Einrichtungsgewährleistungen belastet werde, müsse die Institution im Sinne der Lehre von den Einrichtungsgarantien inhaltlich von den anderen öffentlich-rechtlichen Einrichtungen abgegrenzt werden. Hierfür erachtet Sasse als entscheidend, daß die aus juristischem Normengefüge und empirisch-realem Funktionieren erwachsene Einrichtung der Verwurzelung in den Wertvorstellungen und Rechtsüberzeugungen, der lebendigen Anteilnahme der im Ordnungszusammenhang der Institution stehenden und an ihrer Verwirklichung arbeitenden Menschen bedürfe. Dieses Merkmal müsse im Zeitpunkt der Verfassunggebung vorhanden sein. Verfassungsrechtlich gewährleistungsfähige Institutionen müßten für das So-Sein, die Identität der Staats- und Rechtsordnung einen konstitutiven und als solchen empfundenen Eigenwert darstellen; Selbstwert und Bestandhaftigkeit seinen ihre Kriterien[58].

Noch weiter als Sasse, wenn auch vielleicht mit allgemeinerer Intention, scheint Köttgen zu zielen, wenn er im Rahmen einer Untersuchung der von ihm angenommenen institutionellen Garantie des Art. 5 Abs. 3 GG zwar einerseits bemerkt, auf der verfassungsrechtlichen Ebene seien nur qualitativ selektierte Institutionen heimatberechtigt[59], andererseits

---

[55] Beispielhaft für nicht ungefährliche Terminologie *Scheuner*, Verfassungsschutz, S. 68/69, der nach der Angabe, daß Art. 14 GG eine Institutsgarantie hinsichtlich des Eigentums enthalte, von den grundlegenden Rechtsinstituten Eigentum, *persönliche Freiheit und ihre Auswirkung* (Hervorhebung nicht bei *Scheuner*) (Art. 2), Ehe (Art. 6 Abs. 1) und Erbrecht (Art. 14 Abs. 1) spricht.
[56] AöR Bd. 85 (1960), S. 447.
[57] a. a. O., S. 440 ff., insbesondere S. 445 f. mit Anm. 90, 92.
[58] a. a. O., S. 446 f.; auch S. 440.
[59] Grundrecht, S. 24; auch S. 26.

dann aber doch davon auszugehen scheint, es könne verfassungsrechtlich gewährleistete Institutionen mit spezifischem Rang und solche ohne diesen geben, so, wenn er meint, Garantien, die lediglich aus pragmatischen Gründen oder um einer Entpolitisierung willen zuerkannt würden, vermöchten für sich allein keinen Rang zu begründen[60].

Nun wäre eine Unterteilung der Gruppe verfassungsrechtlich gewährleisteter Institutionen im Sinne der hier behandelten Lehre danach, welcher Rang der einzelnen Institution zukäme, jedenfalls ohne praktische Bedeutung, denn unter erhöhtem Bestandsschutz würde die eine Untergruppe ebenso wie die andere stehen. Außerdem aber kommt den oben herausgestellten, im Grundgesetz tatsächlich garantierten Institutionen unter keinem Betracht nennenswert verschiedener Rang zu; die Rangfrage bringt also kein Kriterium. Sasses Darlegungen weisen dem von ihm so genannten „Selbstwert" der Institution ohnehin keine selbständige, definitionserhebliche Bedeutung zu. Alle verfassungsrechtlich gewährleisteten Einrichtungen im Sinne der hier erörterten Lehre haben ihn nach seiner Ansicht; die Prüfung, ober er gegeben ist, soll lediglich erforderlich sein, um eine etwaige Garantiefunktion der betreffenden Norm zu ermitteln. Aber auch auf diesem Wege kann die Wert- und Rangfrage keine Bedeutung im Rahmen der Lehre von den Einrichtungsgarantien gewinnen. Ob eine Einrichtungsgewährleistung vorliegt, kann nämlich nicht mit der Frage nach einem Selbstwert der betreffenden Einrichtung geprüft werden, sondern allein, indem untersucht wird, ob der betreffenden Norm in methodischer Auslegung eine Garantiefunktion abzugewinnen ist. Ist das der Fall, liegt eine Gewährleistung vor, sonst nicht. Sasse selbst gesteht, nachdem er im Verfolg von Gedanken Kägis Verfassungsrang grundsätzlich nur bei besonderen der in der Verfassung genannten Elemente anerkannt hat, zu, daß auch andere als Fremdkörper ausdrücklich statuiert sein könnten, was dann hinzunehmen sei[61].

Kann der Rang- und Wertfrage somit im Rahmen der Lehre von den Einrichtungsgarantien keine Bedeutung für Begriffsbestimmung und Auslegung zugebilligt werden, so ist doch keinesfalls zu bestreiten, daß diese Frage, für die einzelne Verfassungsbestimmung eindringlich verfolgt, wertvolle Aufschlüsse geben kann. Das ist aber von dem hier erörterten Problem wohl zu scheiden.

d) Die Institution als vom Verfassunggeber vorgefundenes Garantieobjekt

Es ist in der Literatur wiederholt zum Ausdruck gebracht worden, daß eine institutionelle Garantie nur da angenommen werden könne, wo die

---
[60] a. a. O., S. 26; auch S. 25.
[61] AöR Bd. 85 (1960), S. 438 f.

A. Die institutionelle Garantie

betreffende Institution durch den garantiegewährenden Verfassunggeber vorgefunden worden sei. Wenn Carl Schmitt darlegt, eine institutionelle Garantie setze selbstverständlich eine Institution voraus[62], die institutionelle Garantie betreffe bestehende Einrichtungen[63], wenn Klein die institutionellen Garantien als Gewährleistungen existenter, formierter und organisierter Einrichtungen bestimmt[64], tritt diese Auffassung unverkennbar hervor. In der Rechtsprechung kommt sie zum Ausdruck, wenn auf die Entwicklung, das historische Werden verfassungsrechtlich gewährleisteter Institutionen verwiesen wird[65]. Werner Weber hat diese Sicht zusammenfassend auf die Formel gebracht, in der Tat richteten sich alle institutionellen Garantien, besonders aber die der kommunalen Selbstverwaltung und des Berufsbeamtentums, auf die Bewahrung bestimmter Institutionszusammenhänge der öffentlichen Ordnung, so wie sie in den Grundzügen historisch geworden seien[66].

Weithin darf dem älteren und neueren Schrifttum im übrigen wohl unterstellt werden, daß es sich diese Ansicht stillschweigend zu eigen gemacht hat. Ausdrücklich Zweifelspunkt ist sie nie gewesen.

Gelegentlich sind jedoch Gedanken geäußert worden, die mit dieser Ansicht nicht in Einklang zu bringen sind. In erster Linie ist hier Loewensteins bereits oben dargestellte Ausweitung der Lehre von den Einrichtungsgarantien zu nennen. Wenn Loewenstein auch Reichstag, Reichsrat, Reichsregierung und Reichspräsident als verfassungsrechtliche Fundamentalbegriffe dem Schutz von Einrichtungsgarantien unterstellen wollte, wich er damit schon insofern von der üblichen Verwendung des Begriffes ab, als die betreffenden „Institutionen" nicht von der Verfassung vorgefunden, sondern jedenfalls in ihrem So-Sein, in ihrer dann gültigen Ausprägung, von ihr erst konstituiert wurden. Das hat Koellreutter nicht daran gehindert, die Meinung zu vertreten, vom konstruktiven Standpunkt aus jedenfalls sei gegen Loewensteins Ansicht nichts einzuwenden[67]. Carl Schmitt seinerseits bezieht den hier herausgehobenen Aspekt der Auffassung Loewensteins nicht in seine Kritik[68] ein, sondern beschränkt diese darauf, die Ausdehnung durch Loewenstein

---

[62] Freiheitsrechte, S. 10 = Aufsätze, S. 149.
[63] HdBDStR II, S. 596 = Aufsätze, S. 215; vgl. weiter Freiheitsrechte, S. 15/16 = Aufsätze, S. 155 und Verfassungslehre, S. 170/171 (an letztgenannter Stelle noch ohne Scheidung zwischen Institution und Institut).
[64] Garantien, S. 165.
[65] Vgl. etwa BVerfGE 1, 167 (178); 8, 332 (359 f.) (zu Art. 28 Abs. 2); 8, 332 (besonders 343); 9, 268 (285 f.) (zu Art. 33 Abs. 4 und 5 GG).
[66] Werner *Weber*, Gutachten, S. 22.
[67] AöR NF Bd. 22 (1932), S. 115; insoweit zustimmend *Klein*, Garantien, S. 49.
[68] Freiheitsrechte, S. 14 = Aufsätze, S. 158; weiter kritisch etwa *Klein*, a. a. O., S. 119 ff., besonders S. 128.

raube dem Begriff die Konturen und verwische den Gegensatz des zweiten Hauptteils der Verfassung zu dem ersten, in dem die politische Willensbildung organisiert sei.

Ebenfalls in Widerspruch zu der Ansicht, eine institutionelle Garantie sei nur anzunehmen, wenn die betreffende Institution von der Verfassung vorgefunden sei, steht es, daß Ernst Rudolf Huber dargelegt hat, aus Programmsätzen könnten institutionelle Garantien erwachsen. Der Programmsatz gebiete nämlich Schaffung und Erhaltung einer bestimmten rechtlichen Einrichtung; die Gewährleistung der geschaffenen Einrichtung sei die zweite Funktion des Programmsatzes — er werde nach Programmverwirklichung zur institutionellen Garantie[69]. Huber hat die Zustimmung Kleins gefunden[70].

Tatsächlich haben sowohl Sätze der Verfassung, die die Grundlage für ein Organ schaffen, wie auch solche, die programmatisch dazu anweisen, eine andere Institution zu errichten, eine institutionserhaltende Funktion. Diese Funktion ergibt sich jedoch nicht unvermittelt aus den betreffenden Verfassungssätzen. Im Falle der Verfassungsorgane folgt sie daraus, daß der Verfassunggeber die Errichtung, was die Normen angeht, vorgenommen, im Falle der durch Verwirklichung von Programmsätzen entstandenen Einrichtungen ergibt sie sich daraus, daß der Verfassunggeber die Errichtung geboten hat. Hiermit wäre es unvereinbar, die geschaffenen Einrichtungen ohne verfassungsänderndes Gesetz wieder zu beseitigen. Die institutionserhaltende Wirkung der fraglichen Normen kann sich erst entfalten, wenn eine Institution vorhanden ist; das aber ist in den hier interessierenden Fällen in dem Zeitpunkt des Inkrafttretens der Verfassung noch nicht der Fall. Die einrichtungserhaltende Wirkung der in Betracht kommenden Sätze kann folglich in diesem Sinne sekundär genannt werden. Charakteristisch für die institutionellen Garantien ist aber, daß sich die institutionserhaltende Funktion aus ihnen unabgeleitet ergibt. Sie ist der alleinige Inhalt dieser Rechtsvorschriften. Schon aus diesem Grunde müssen die oberste Bundesorgane behandelnden Abschnitte 3—6 des Grundgesetzes einer Behandlung unter dem Blickpunkt des Problems der institutionellen Garantien verschlossen bleiben.

Hinter der formal-begrifflichen Erfassung der institutionellen Garantie als unmittelbarer Gewährleistung einer Einrichtung steht ein anderes Kriterium, das materiell das formale widerspiegelt: in den institutionellen Garantien drückt sich unterverfassungsrechtliche Kontinuität aus. In ihrem Anknüpfen an Vorhandenes bewahren sie in der Vergangen-

---

[69] AöR NF Bd. 23 (1933), S. 72.
[70] *Klein*, Garantien, S. 282 f. Unentschieden: Carl *Schmitt*, Freiheitsrechte, S. 13 = Aufsätze, S. 153.

heit Wirksames für Gegenwart und Zukunft. Diese Kontinuität über die Verfassungsperioden hin kann im Bereich der Verfassungsorgane nicht bestehen, wo es jeweils zum Neubeginn kommen muß — strenggenommen auch da, wo eine Verfassung ihre Organe vorfindet, da sie diese doch als ihre, der neuen Verfassung Organe, einsetzt und neu legitimiert[71] —; sie ist in Teilen des unterverfassungsrechtlichen Feldes unerläßlich.

Es ist folglich nachdrücklich daran festzuhalten, daß nur da eine institutionelle Garantie angenommen werden sollte, wo die betreffende Institution älter als die Verfassung ist[72].

2. Die Garantie

a) Die Abwehrrichtung der Garantie

Die institutionelle Garantie schützt die gewährleistete Einrichtung einmal gegen den Gesetzgeber. Nicht nur Gesetze im formellen Sinn, auch Rechtsverordnungen können unter Umständen einmal die Garantie verletzen. Man mag hier an den Fall denken, daß eine Rechtsverordnung einem Strukturprinzip im Institutionsbereich zuwiderläuft.

Die Gewährleistung sichert ihren Gegenstand aber auch gegen die Regierung, soweit sie anders als auf dem Verordnungswege tätig wird, und gegen die Verwaltung. Daß sie auch der Exekutive Schranken setzt, ist allerdings nicht allzuoft ausgesprochen worden[73]. Es ergibt sich jedoch aus der oben gegebenen Charakterisierung der Institution als in Normzusammenhängen wurzelnder Ordnungskraft. Die Teilhabe der Institution an den realen Lebensvorgängen bedeutet, daß sie auch auf der Ebene dieser Vorgänge, und zwar durch die Regierung und die Verwaltung, verletzbar und folglich auch insofern schutzbedürftig ist. Da Normenkomplex und Funktionieren in der Wirklichkeit in untrennbarer Einheit die garantierte Einrichtung bilden, trifft es die Institution insgesamt, wenn eine der beiden Ebenen berührt wird. Fraglich kann nur sein, was das generelle Geschütztsein gegenüber der Exekutive für den Einzelfall bedeutet, inwieweit es dann praktisch wird.

---

[71] Letzteres zu *Häberle*, Wesensgehaltsgarantie, S. 167 Anm. 269.

[72] Vgl. auch *Häberle*, a. a. O., S. 169; allgemeiner und bestimmt auch von seinem Grundrechtsverständnis S. 167 ff. Vgl. auch seine Nachweise zur Kennzeichnung des Institutionellen als vorgegeben in der neueren evangelischen Theologie S. 99 mit Anm. 201.

[73] *Klein*, Garantien, S. 130, 134 ff., 165; *Lassar*, Hoheitsfunktion, S. 43, 44; *Gerber*, VVDStRL 7 (1932), 6/7; zur institutionellen Garantie des Berufsbeamtentums: *Thieme*, Öffentlicher Dienst, S. 30; vgl. auch (zu letztgenannter Garantie in der Weimarer Verfassung) Carl *Schmitt*, HdBDStR II, S. 596 = Aufsätze, S. 215; DJZ 1931, Sp. 918 Anm. 2 = Aufsätze, S. 175 Anm. 5.

Hierbei ist davon auszugehen, daß, wie weiter unten noch zu zeigen sein wird, nur ein Kernbestand der Institution unverletzlich ist. Diesen Kernbestand wird eine einzelne Eingriffsmaßnahme (Tun oder Unterlassen — durch Unterlassen kann etwa die institutionelle Garantie des Berufsbeamtentums verletzt werden, wenn der Staat die etatmäßigen Beamtenstellen planmäßig unbesetzt läßt[74] —) der Exekutive kaum erreichen können; der Einzeleingriff kann schwerlich die Institution selbst in Frage stellen. Als verfassungswidrig kommt also nur eine nach objektivem Maßstab institutionsfeindliche Praxis der Exekutive in Betracht. Berührt diese Praxis — schließlich — den Wesenskern der Institution, bedeutet das ihre Unzulässigkeit und damit die Unzulässigkeit aller zu ihr gehörenden Einzelmaßnahmen[75]. Der Makel der Verfassungswidrigkeit wirkt dann also zurück. Solange der gesicherte Kernbereich der Einrichtung noch nicht erreicht ist, kann andererseits eine institutionswidrige Exekutivpolitik insgesamt und in ihren Bestandteilen nicht als verfassungsrechtlich unzulässig angesehen werden. Insoweit handelt es sich dann erst um Gefährdung des gesicherten Elementes. Auf eine solche Gefährdung abzustellen, muß aber unmöglich erscheinen, wie oben bereits für den Fall der Gefährdung „gesellschaftlicher Sachverhalte" durch den Gesetzgeber dargelegt; für eine Beurteilung würde es in derartigen Fällen an einem sicheren Anhaltspunkt fehlen.

Eine „Drittwirkung" der institutionellen Garantie gegen soziale Mächte und Kräfte des außerstaatlichen Bereiches[76] kommt nicht in Betracht, da es derartigen Kräften nicht möglich ist, den gewährleisteten Institutionen, etwa dem Berufsbeamtentum oder der kommunalen Selbstverwaltung, unmittelbar Abbruch zu tun oder sie gar abzuschaffen. Anders als Legislative und Exekutive haben sie nämlich im Bereich der garantierten Institutionen keinerlei Dispositionsbefugnisse, denen gegenüber ein Wesenskern der Einrichtung abgeschirmt werden müßte. Sie können lediglich unter Umständen hindernd oder hemmend wirken. Bei solchen Vorgängen, die in ihrer Intensität schwanken und kurzzeitig sein können, das noch Zulässige vom Verfassungswidrigen abzugrenzen, scheint unmöglich.

---

[74] Vgl. Carl *Schmitt*, a. a. O.

[75] *Lassar*, a. a. O., S. 44 f., vertritt die Ansicht, verfassungswidrig werde gegebenenfalls — bei Fehlen eines institutionsabschaffenden Gesetzes oder Statuts — nur die Verwaltungspraxis im ganzen als Verwirklichung einer institutionsfeindlichen Politik sein, nicht die einzelnen Akte, die sie ausmachen würden. Dagegen *Gerber*, a. a. O. (beide für die institutionelle Garantie des Berufsbeamtentums).

[76] Dafür *Reinelt*, Rundfunk in der Verfassungsordnung, S. 74, unter irreführender Bezugnahme auf *von Mangoldt-Klein*, die nur ganz begrenzt Derartiges vertreten, möglicherweise lediglich im Hinblick auf die Institutsgarantien. S. auch S. 97 ebenda.

A. Die institutionelle Garantie

b) *Die Abwehrwirkung der Garantie*

Die institutionelle Garantie sichert ihren Gegenstand zunächst vor völliger Beseitigung durch einfaches Gesetz. Diese aus dem Formalprinzip erschwerter Abänderbarkeit der Verfassung folgende Funktion bedarf nicht weiterer Darlegungen.

Darüber hinaus ist schon zur Weimarer Zeit immer wieder hervorgehoben worden, daß die institutionellen Garantien einen Einrichtungskern vor jedem Eingriff bewahren und so das Wesen der Institution erhalten, sie vor Denaturierung schützen[77]. In diesem Sinne sprechen sich auch Schrifttum und Rechtsprechung zum Bonner Grundgesetz aus; auch sie halten einen Wesenskern der unter Verfassungsschutz stehenden Einrichtung für absolut gesichert[78]. Unversehrt bleiben muß aber hiernach grundsätzlich nur dieser Kernbereich; das ihm vorgelagerte Gebiet steht dem Eingriff insbesondere des Gesetzgebers offen, so daß die peripheren Elemente der Institution umgestaltet werden können, während dasjenige, was ihre Identität ausmacht, unangreifbar fortbesteht[79, 80].

---

[77] Vgl. etwa — mit Unterschieden nur in der Formulierung, nicht in der Sache — *Thoma*, Nipp. I, S. 30; *Anschütz*, Vorbem. 8 zum zweiten Hauptteil; *Lassar*, a. a. O., S. 43, 44 (alle Genannten von einem unzerlegten Begriff der „institutionellen Garantie" [„Institutsgarantie"] ausgehend); *Giese*, Religionsunterricht, S. 66; *Klein*, Garantien, S. 130, 134 ff., 165; auch Carl *Schmitt*, HdBDStR II, S. 595 = Aufsätze, S. 213; zu den einzelnen in der Weimarer Zeit anerkannten institutionellen Garantien vgl. die Zitate und Nachweise bei *Klein*, a. a. O., S. 56 ff.

[78] Vgl. im einzelnen etwa: *Stern*, JR 1963, 203. — Zu Art. 28 GG: *Maunz-Dürig*, Art. 28, Rdnr. 24, 29, 32; *von Mangoldt*, Art. 28, Erl. 3; *von Mangoldt-Klein*, Art. 28, Erl. IV vor 1, IV 1 b), IV 1 d), IV 1 f), IV 2 a); *Wernicke*, BK, Art. 28, Erl. II 2 b) γ); *Scheuner*, Recht - Staat - Wirtschaft, Bd. 4, S. 100, 101; *Hamann*, Art. 28, Erl. B 7; BVerfGE 1, 167 (174 f., 178); 8, 332 (359 f.); 11, 266 (274); 11, 351 (365); BVerwGE 2, 329 (332). — Zu Art. 33 Abs. 4 und 5 GG: *von Mangoldt-Klein*, Art. 33, Erl. VII 2; *Scheuner*, a. a. O., S. 108; *Hamann*, Art. 33, Erl. B 6 mit 7 a); BVerfGE 9, 268 (286).

[79] S. dazu Werner *Weber*, Staats- und Selbstverwaltung, S. 57: Eine institutionelle Garantie kann nur durch die von Fall zu Fall fortschreitende Judikatur in ihrem Sinn abgetastet, ihrem Wesen erfüllt werden.

[80] Nur scheinbar im Gegensatz hierzu steht es, wenn *Lerche* (Übermaß, S. 110 f. Anm. 48) bemerkt, die Statuierung einer Einrichtungsgarantie könne stets nur eine zusätzliche Schranke für die Zugriffsmöglichkeiten des Gesetzgebers gegenüber einem Geschaffenen bieten, ihr Fehlen daher nur das Entfallen einer Grenze bedeuten. Nicht könne umgekehrt die Einrichtungsgarantie selbst eine Ermächtigung (zur Grundrechtsprägung) darstellen. Diese Ermächtigung folge für Art. 14 Abs. 1 vielmehr erst aus der Regelungsbefugnis des Art. 14 Abs. 1 S. 2, nicht schon aus der Einrichtungsgarantie des Art. 14 Abs. 1 S. 1. Selbst eine vollständige Kettung des Gesetzgebers an die bei Schaffung des Grundgesetzes vorgefundene Ausformung der Eigentumseinrichtung wäre bei entsprechender Veränderung des Art. 14 Abs. 1 S. 2 denkbar gewesen, ohne daß Art. 14 Abs. 1 S. 1 irgendeine Veränderung hätte erfahren müssen. Für *Lerche* (s. auch Übermaß, S. 238, 275) ist garantierte Einrichtung das, was hier lediglich als unantastbarer Kernbereich einer garantierten Einrichtung ver-

Dieser Betrachtungsweise mit ihrer jedenfalls theoretisch klaren Scheidung zwischen geschütztem und ungeschütztem Bereich scheint das Urteil des Bundesverfassungsgerichts vom 20. 3. 1952[81] ein neues Element beigefügt zu haben. Das Gericht meint hier angesichts der institutionellen Garantie der gemeindlichen Selbstverwaltung in Art. 28 Abs. 2 GG, gewiß sei ein bestimmter Kern der Selbstverwaltung gegen jede gesetzliche Schmälerung gesichert, es gebe aber Erscheinungsformen der Selbstverwaltung, die in besonderen Notlagen gewisse Einschränkungen erfahren könnten. Der Maßstab für derartige Eingriffe sei zeitbedingt. Was in ruhigen, verwaltungsmäßig unproblematischen Verhältnissen bereits als unzulässiger Eingriff bewertet werden müßte, sei, wenn es sich um die rasche Behebung außerordentlicher Notstände handele, als tragbare und sogar geboten anzusehen. Es sei lediglich zu fordern, daß solche ungewöhnlichen Eingriffe in gesetzlicher Form vorgenommen und auf das zeitlich und sachlich unbedingt Notwendige begrenzt würden.

Lerche bemerkt hierzu[82] — allerdings unter dem Blickpunkt des Art. 19 Abs. 2 GG —, es könne in der Tat im Einzelfall Bestandteil einer institutionellen Garantie sein, daß Eingriffe von gewisser Intensität in das geschützte Recht nur unter Beschränkung auf ein zeitlich Absehbares und sachlich Unerläßliches zulässig seien. In diesen Sonderfällen bedeute ein Verstoß gegen den Grundsatz der Erforderlichkeit (soweit man sich überhaupt in seinem Geltungsbereich bewege) eine Antastung der Institution. Es gehe hier um Eigentümlichkeiten der jeweiligen Garantie.

Daß die institutionellen Garantien einem bestimmten Einrichtungskern absoluten Schutz gewähren, folgt unmittelbar aus dem Sinn dieser Gewährleistungen. Wie bereits oben zu dem Verhältnis Institutsgarantie — Art. 19 Abs. 2 GG dargelegt, heißt ein Institut unter verfassungsrechtlichen Schutz stellen, sein Wesen bewahren wollen. Das muß aber auch für die Institution gelten. Erklärt der Verfassunggeber eine Institu-

---

standen wird. Die hier verwandte Terminologie erscheint aber zweckmäßiger und sinnvoller. Zu der Einrichtung Eigentum etwa, so wie sie gegenwärtig besteht, gehört nicht nur das, was nicht verändert werden darf, sondern auch das dem Wandel durch gesetzgeberische Umgestaltung Unterworfene. Wenn man schon den unantastbaren Bereich als „Einrichtung" bezeichnen will, muß man wenigstens von der „Einrichtung an sich" sprechen oder von der „Einrichtung als solcher" (vgl. *Thoma*, Nipp. I, S. 30; *Lassar*, Hoheitsfunktion, S. 43).

[81] E 1, 167 (178); zustimmend *Ipsen*, DÖV 1955, 229; BVerwGE 6, 19 (24 ff. — letzteres mit ausweitender Tendenz; Kritik daran bei *Becker*, GR IV/2, S. 722).

[82] Übermaß, S. 247 f.; die angeführte Entscheidung des Bundesverfassungsgerichts zitieren weiter ohne Widerspruch *von Mangoldt-Klein*, Art. 28, Erl. IV 1 f).

A. Die institutionelle Garantie

tion für gewährleistet, darf jedenfalls derjenige materiale Einrichtungsgehalt, der das Wesen des Garantieobjekts ausmacht, nicht mehr angegriffen werden. Mit dieser logisch gewonnenen „Wesensgehaltsgarantie" geben sich nunmehr jedoch insbesondere das Bundesverfassungsgericht und Lerche in den eben erwähnten Äußerungen nicht zufrieden. Wenn das Bundesverfassungsgericht aber meint, ein in ruhiger Zeit unzulässiger Eingriff in die Selbstverwaltung könne zur Behebung außerordentlicher Notstände unter bestimmten Voraussetzungen zulässig sein, könnte das bedeuten, daß ein einmal für gewährleistet erkannter Einrichtungskernbestand unter Umständen doch angetastet werden darf. Die Wesensgehaltsgarantie gilt dann also nicht absolut[83]. Diesen Weg auch nur bei Notmaßnahmen freizugeben, würde, so wie das Bundesverfassungsgericht dies wohl versteht, eine zeitweilige Durchbrechung des Wesensgehaltsschutzes der institutionellen Garantie bedeuten; eine verfassungsrechtliche Ermächtigung dafür ist nicht aufzufinden, weder eine allgemeiner Art noch in Art. 28 GG noch in den übrigen institutionelle Garantien enthaltenden Verfassungsbestimmungen. Im übrigen müßte der eindeutig aus der Verfassung zu entnehmenden Garantie des Wesensgehalts der geschützten Institutionen ohnehin ein mit gleicher Sicherheit ableitbarer Notvorbehalt gegenüberstehen; die Ausnahme müßte sich ebenso klar wie die Schutzregel ergeben. Über die gegebene, jederzeit zu respektierende, Schranke hilft auch die Beachtung des Erforderlichkeitsgedankens nicht hinweg.

Man könnte freilich erwägen, ob nicht zu einem Ergebnis, das dem des Bundesverfassungsgerichts für Art. 28 GG entspräche, im Wege der Auslegung dadurch zu gelangen wäre, daß man bei Vorliegen besonderer Umstände den absolut geschützten Kern der garantierten Einrichtungen enger fassen würde. Die so gewonnene größere Freiheit würde dem Gesetzgeber (und unter Umständen der Exekutive) aber unabhängig davon zugute kommen, ob im Einzelfall im Hinblick auf die besonderen Umstände (in der Entscheidung BVerfGE 1, 167 die Notlage der von dem Gesetz zu Art. 131 GG betroffenen Personen) gehandelt würde. Diese restriktive Auslegung der institutionellen Garantie könnte den Weg nicht nur für dem Gemeinwohl dienende Notmaßnahmen, sondern auch für Mißbräuche öffnen.

Wenn schließlich Lerche den Erforderlichkeitsgedanken derart im Schutzbereich der institutionellen Garantie verankern möchte, daß in

---

[83] In diesem Sinne klar VerfGH NRW OVGE 11, 149 (151 ff.) = DVBl. 1956, 722 (723) zu der institutionellen Garantie in Art. 78 Verf. NRW. Das Urteil wird von *Lerche*, a. a. O., S. 247/248 Anm. 347 nachdrücklich kritisiert, wohl zu Unrecht aber in dem hier interessierenden Punkt des Wesensgehaltsschutzes in Gegensatz zu der Ansicht des Bundesverfassungsgerichts gebracht; wird diese genau gesehen, stimmt sie insoweit mit ersterem überein.

gewissen Fällen ein Verstoß gegen dieses Prinzip Antastung der garantierten Institution bedeutet, ist dieser Form verfassungsrechtlicher Gewährleistung mehr abverlangt, als sie geben kann. Die institutionelle Garantie sichert gewisse Elemente, die das Wesen einer Einrichtung ausmachen und ohne deren Vorhandensein nicht vom Bestehen der betreffenden Einrichtung gesprochen werden kann, absolut und ohne Vorbehalt auch nur zeitweiliger Außerkraftsetzung. Das außerhalb dieser Elemente befindliche, aber noch zu der betreffenden Einrichtung gehörende Gebiet normativer und tatsächlicher Gegebenheiten ist grundsätzlich ungeschützt. Die in Frage kommenden Verfassungsbestimmungen geben nichts für die Annahme einer Zwischenzone her, die im Normalfall gesichert, im Notfall dem Eingriff offen ist. Das gesteht Lerche auch insoweit zu, als er das Erforderlichkeitsprinzip ausdrücklich nur im Rahmen einzelner institutioneller Garantien Platz greifen lassen will. Es ist damit eingeräumt, daß dieses Prinzip jedenfalls nicht aus dem Wesen dieser Gruppe verfassungsrechtlicher Verbürgungen folgt. Außerdem gibt Lerche nicht an, wie denn nun der auch nach seiner Auffassung[84] absolut geschützte Kern der Institution von jenem Bereich abgehoben werden soll, der nur relativ gesichert ist (dies ist auch dem Bundesverfassungsgericht entgegenzuhalten). Auch will Lerche offenbar nicht davon abweichen, daß es einen Teil der Institution gibt, der ungeschützt ist[85]. Dann muß er aber den vom Übermaßverbot beherrschten Einrichtungsteil zwischen den beiden anderen Zonen einbauen. Wie das bewerkstelligt werden soll, wird nicht erläutert.

Hieraus folgt, daß die in der institutionellen Garantie begrifflich beschlossene Wesensgehaltsgarantie jeglicher Relativierung widerstreitet. Weder können Notlagen ausnahmsweise Eingriffe in den geschützten Kern rechtfertigen, noch können sie zu genereller Zurücknahme der Grenze des gesicherten Wesenskerns führen, noch ist ein Teilbereich der garantierten Institution nur in Normallagen abgeschirmt. Hier ergibt sich eine klare Trennungslinie gegenüber der umstrittenen Rechtsprechung des Bundesgerichtshofes zu Art. 19 Abs. 2 GG. Wenn der Bundesgerichtshof wiederholt ausgesprochen hat[86], ein Grundrecht werde dann durch einen gesetzlichen Eingriff in seinem Wesensgehalt angetastet, wenn durch den Eingriff die wesensmäßige Geltung und Entfaltung des Grundrechts stärker eingeschränkt würden, als dies der sachliche Anlaß und Grund, der zu dem Eingriff geführt habe, unbedingt und zwingend gebiete; der Eingriff dürfe also nur bei zwingender Notwendigkeit

---

[84] a. a. O., S. 248.

[85] Vgl. auch die Deutung von BVerfGE 1, 167 (178) bei *Jesch*, DÖV 1960, 739 Anm. 5.

[86] Nachweise bei *von Mangoldt-Klein*, Art. 19, Erl. V 4 b); *Lerche*, a. a. O., S. 34 Anm. 20.

A. Die institutionelle Garantie

und in dem nach Lage der Sache geringstmöglichen Umfang vorgenommen werden und müsse zugleich von dem Bestreben geleitet sein, dem Grundrecht grundsätzlich und im weitestmöglichen Umfang Raum zu lassen, und wenn sich dem zahlreiche Stimmen in Rechtsprechung und Literatur mehr oder minder deutlich angeschlossen haben[87], so hat diese These entgegen der Meinung von Lerche, der sie mit der Ansiedlung des Übermaßverbots im Bereich der institutionellen Garantien in Verbindung bringt[88], und der Ansicht des Verfassungsgerichtshofes Nordrhein-Westfalen, der sie — in einem allerdings widerspruchsvollen Erkenntnis — ganz und gar für die Deutung einer landesverfassungsrechtlichen Selbstverwaltungsgarantie übernimmt[89], für die institutionellen Garantien keine Bedeutung. Diese Gewährleistungen sind relativierungsfeindlich.

Daß die angeführten Entscheidungen von Bundesverfassungsgericht und Bundesverwaltungsgericht zu Unrecht eine bestimmte relative Schutzwirkung der institutionellen Garantie anzunehmen scheinen, mag im übrigen darauf zurückzuführen sein, daß die Gerichte — jedenfalls das Bundesverwaltungsricht — irrig von völliger Unantastbarkeit der gewährleisteten Selbstverwaltung bei normalen Verhältnissen ausgehen; gewisse Formulierungen in den Erkenntnissen deuten darauf[90]. Eine derartig extensive Auslegung von Art. 28 Abs. 2 GG hätte dann eben durch die Annahme eines Vorbehalts für Notfälle gemildert werden müssen. Nun kann aber sowohl dann, wenn vom Vorliegen einer vorbehaltlos garantierten kommunalen Allzuständigkeit als auch dann, wenn vom Gegebensein einer in besonderen Fällen einschränkbaren Allzuständigkeit ausgegangen wird, nicht mehr von institutioneller Garantie der kommunalen Selbstverwaltung gesprochen werden. In beiden genannten Fällen ist nämlich über die Gewährleistung der Institution als solcher noch eine Garantie weiterer Elemente (absolut oder relativ) vorhanden; die Gewährleistung reicht über die Sicherung eines Einrichtungskerns hinaus[91]. Äußerungen zu Selbstverwaltungsklauseln,

---

[87] Nachweise bei *Lerche*, Übermaß, S. 34/35 Anm. 21.
[88] a. a. O., S. 247 f.
[89] OVGE 11, 149 (151 ff.) = DVBl. 1956, 722 (723).
[90] In diesem Sinne verstehen das BVerfG-Urteil etwa *Maunz-Dürig*, Art. 28, Rdnr. 31 Anm. 9; *Hamann*, Art. 28, Erl. B 7; *Becker*, HdBkWPr. I, S. 142/143; *Keßler*, DVBl. 1953, 2/3, 3. Anders und im Sinne der üblichen Ansicht von institutionellen Garantien deutet die Entscheidung Werner *Weber*, Gutachten, S. 14 (das Gericht unterscheide zwischen den allgemeinen gesetzlichen Selbstverwaltungsbindungen und außergewöhnlichen Beeinträchtigungen); ebenso ist wohl BVerfG NJW 1964, 491 (492) = JZ 1964, 288 (289) zu verstehen. Vgl. auch *Becker*, GR IV/2, S. 721; *Jesch*, DÖV 1960, 739 Anm. 5.
[91] Vgl. die Formulierung bei *Maunz-Dürig*, Art. 28, Rdnr. 30, bei den Gemeinden sei *außer* (Hervorhebung nicht bei *Maunz-Dürig*) der Einrichtungsgarantie auch noch die sogenannte Allzuständigkeit oder Universalität festgelegt; allerdings nehmen *Maunz-Dürig* nur eine Vermutung an.

die die eben bezeichneten Standpunkte einnehmen, können also im Rahmen einer Betrachtung der institutionellen Garantie keine Beachtung beanspruchen. Es spricht jedoch einiges — im Falle des Bundesverfassungsgerichts mehr, im Falle des Bundesverwaltungsgerichts weniger — dafür, daß die fraglichen höchstrichterlichen Urteile in Art. 28 Abs. 2 GG eine echte institutionelle Garantie der gemeindlichen Selbstverwaltung finden. Deshalb mußten die Erkenntnisse in die Erörterung dieser Form von Gewährleistungen einbezogen werden[92].

c) Programmatische Wirkung der institutionellen Garantie?

In gelegentlichen Äußerungen haben sowohl Giese-Schunck[93] wie Feller[94] institutionelle Garantie und Programmsatz gleichgesetzt. Diese Bemerkungen beruhen allerdings offenbar mehr oder minder auf einem Versehen, wie sich aus anderen Ausführungen der Autoren ergibt[95].

---

[92] Eine Untersuchung einzelner institutioneller Garantien ist im Rahmen dieser Arbeit nicht möglich. Es sei aber doch ergänzend zu dem Letztausgeführten darauf hingewiesen, daß der hier eingenommene Standpunkt nicht dazu führen muß, das Urteil des Bundesverfassungsgerichts vom 20. 3. 1952 im Ergebnis abzulehnen, nämlich im Gegensatz zu ihm die Ansicht zu vertreten, das Gesetz zu Art. 131 GG vom 11. 5. 1951 taste die gemeindliche Personalhoheit und damit die Selbstverwaltung unzulässigerweise in ihrem Wesenskern an. Das Bundesverfassungsgericht hat selbst dargelegt, Art. 131 GG ermächtige den Bundesgesetzgeber, auch die Gemeinden zur Unterbringung verdrängter Angehöriger des öffentlichen Dienstes zu verpflichten (E 1, 176 ff.). Damit kann Art. 131 grundsätzlich nicht nur als Grundlage für Eingriffe in die kommunale Selbstverwaltung (Personalhoheit) im Sinne des Gesetzesvorbehalts in Art. 28 Abs. 2 S. 1 angesehen werden, sondern auch als Ausnahmeregelung gegenüber der institutionellen Garantie der gemeindlichen Selbstverwaltung. Art. 131 wäre bei derartiger Auslegung nicht etwa „verfassungswidrige Verfassungsnorm". Die Gewährleistung der gemeindlichen Selbstverwaltung hat nämlich keinen übergesetzlichen Rang und innerhalb des Bereichs der vom Verfassunggeber autonom gesetzten Normen kann Nichtübereinstimmung niemals zur Annahme der Unwirksamkeit eines Satzes von minderem Rang führen; es gilt dann das Regel-Ausnahme-Verhältnis — immer vorausgesetzt, daß nicht übergesetzliche Gehalte in die fragliche Beziehung hineinspielen (vgl. hierzu etwa *Bachof*, Verfassungsnormen, S. 36 ff.; BGHZ 1, 274 (276) — dieser allerdings zu absolut formulierend). Es scheint jedenfalls nicht ausgeschlossen, anzunehmen, Art. 131 GG habe den Gesetzgeber ermächtigen wollen, zur Lösung der Frage der Amtsverdrängten in die Institution der Selbstverwaltung als solche einzugreifen, gerade weil die Personalhoheit durch zahlreiche andere Unterbringungspflichten bereits erheblich gemindert war, andererseits das bezeichnete Problem aber unbedingt aus der Welt geschafft werden mußte.

[93] 5. Aufl., II (Vorbemerkung) vor Art. 1.

[94] Recht der Sonn- und Feiertage, S. 177, 186.

[95] Für *Feller* folgt das bereits aus dem Zusammenhang seiner Darlegungen auf S. 177; dazu stehen freilich wiederum die Ausführungen auf S. 179 zu Art. 139 WRV in gewissem Widerspruch. Für *Giese-Schunck* ist der entsprechende Schluß aus der Bewertung des Art. 7 Abs. 3 S. 1 GG als institutionelle Garantie (Art. 7, Erl. II 6) zu ziehen. Außerdem ist die Äußerung in der nächsten (6.) Auflage des Kommentars nicht mehr enthalten.

Immerhin könnte man die Frage stellen, ob nicht wenigstens einige institutionelle Garantien *auch* eine programmatische Wirkung entfalten können, etwa in der Weise, wie Wehrhahn es für die „institutionelle Garantie mit Selbstverwaltung ausgestatteter wissenschaftlicher Hochschulen" dargestellt hat (in der Garantie der Wissenschaftsfreiheit sei das Gebot enthalten, die Hochschulselbstverwaltung so zu gestalten, daß ein ungehindertes und uneingeschränktes Funktionieren der „Selbstkontrolle der Wissenschaft" durch und gegenüber dem Kreis aller an einer wissenschaftlichen Hochschule Lehrenden gewährleistet sei[96, 97].

Institutionelle Garantie und Programmsatz sind jedoch wesensverschieden[98]. Die institutionelle Garantie ist aktuelles Recht, dem Programmsatz fehlt diese Eigenschaft. Da aber ein und dieselbe Vorschrift nicht aktuell und nichtaktuell sein kann, wird man einen programmatischen Gehalt niemals aus einer institutionellen Garantie selbst, sondern lediglich als selbständiges Element einer Verfassungsnorm entnehmen können. Wenn ein Satz der Verfassung eine institutionelle Garantie enthält, gibt er nicht schon deshalb auch eine programmatische Anweisung an den Gesetzgeber. Um eine derartige Anweisung der Verfassungsnorm entnehmen zu können, muß jeweils ein zusätzlicher Bestandteil aufgewiesen werden. Institutionelle Garantie und Programmsatz sind auch, wenn sie in einer Norm zusammentreffen, voneinander unabhängig und je für sich durch Auslegung zu ermitteln.

III. Institutionelle Garantie und subjektives öffentliches Recht

Die hier als institutionelle Garantien behandelten Verfassungsbestimmungen stehen nicht wie die konnexen und komplementären (Instituts-)Garantien in Verbindung mit Grundrechten, aber auch nicht mit grund-

---

[96] Lehrfreiheit, S. 64.
[97] Programmatische Bedeutung über die Garantiefunktion hinaus scheint den institutionellen Garantien der Art. 28 Abs. 2 und 33 Abs. 4 und 5 GG *Köttgen* zuzumessen, wenn er (Gemeinde, S. 44) ausführt, ähnlich wie der Art. 33 in Sachen des Berufsbeamtentums beinhalte auch der Art. 28 einen Auftrag an den Gesetzgeber. Eine leitbildgerechte Gemeindeverwaltung sei hiernach ein verfassungsrechtliches Essentiale, für dessen Verwirklichung der Gesetzgeber die Verantwortung trage. Darin unterscheide sich die institutionelle Garantie der Gemeinde von der einer Religionsgesellschaft, die für diese eine Sphäre der Freiheit begründe oder bestätige. — Ähnlich wollte wohl schon 1933 *Giese* verstanden sein, wenn er (Religionsunterricht, S. 64) allgemein die Aufgabe der institutionellen Garantie dahin bestimmte, einerseits bestimmten Institutionen den verfassungsmäßigen Schutz gegen leichte Abänderbarkeit zu bieten, andererseits verfassungsmäßige Richtlinien für die Rechtsgestaltung der Folgezeit zu geben. Gerade die Gegenüberstellung von Schutz- und Richtlinienfunktion deutet auf die Annahme auch programmatischer Wirkung der institutionellen Garantien hin, wobei allerdings der genaue Sinn des Ausdrucks „Richtlinie" wiederum unklar bleibt. Vgl. auch *Schlochauer*, Öffentliches Recht, S. 47 zu den „Ordnungsgarantien".
[98] Vgl. dazu auch *Klein*, Garantien, S. 274 ff.

rechtsähnlichen Rechten. Subjektive Rechte sind in dieser Gruppe nicht neben den Garantien gewährleistet, sondern innerhalb des Normenkomplexes, der die Rechtsgrundlage der gewährleisteten Institution darstellt. Sie entspringen dem garantierten Normenkomplex[99]. Allerdings schließen nicht alle institutionellen Garantien Verbürgungen subjektiver Rechte ein[100]. So ergeben sich keine derartigen Rechte aus der gewährleisteten Institution der staatlichen Schulaufsicht (Art. 7 Abs. 1 GG). Ein Gegenbeispiel bietet die institutionelle Garantie des Berufsbeamtentums (Art. 33 Abs. 4 und 5 GG); die Einrichtung Berufsbeamtentum begreift eine Vielzahl von Einzelrechten des Beamten ein.

Die Gewährleistung von subjektiven Rechten im Rahmen einer Institution scheidet sich dadurch grundsätzlich von der neben einer Einrichtungsgewährleistung auftretenden Rechtsverbürgung, daß das einzelne subjektive Recht im ersten Fall weniger geschützt ist. Die Beseitigung oder Aushöhlung durch eine institutionelle Garantie mittelbar berührter subjektiver Rechte durch den einfachen Gesetzgeber ist nur insoweit unzulässig, als dadurch die Institution als solche angetastet wird[101]. Wo der einfache Gesetzgeber nur an einen Kernbestand subjektiver Rechtspositionen, nicht aber an deren Einzelheiten insgesamt gebunden werden und hinsichtlich dieser Positionen eine gewisse Freiheit bis zur Beseitigung einzelner Rechte haben soll, kann nur eine institutionelle Garantie in Betracht kommen. Nicht jede ein subjektives öffentliches Recht verbürgende Norm erlangt durch die der Einrichtung, zu deren Rechtsgrundlage sie gehört, geltende Garantie Verfassungsrang. Wohl aber kommt es in Betracht, im Rahmen einer gewährleisteten Einrichtung einzelnen subjektive Rechte garantierenden Bestimmungen ihrerseits

---

[99] S. *Lerche*, Übermaß, S. 239. Ungenau ist es aber, wenn (so *Lerche*, a. a. O.; ähnlich *Jesch*, DÖV 1960, 745) die Garantie als Quelle subjektiver Rechte bezeichnet oder (so *Maunz*, Staatsrecht, S. 91; ebenso Franz *Schneider*, Presse- und Meinungsfreiheit, S. 128; vgl. auch *Scheuner*, Recht - Staat - Wirtschaft, Bd. 4, S. 100 unten) gesagt wird, aus institutionellen oder Institutsgarantien könnten möglicherweise individuelle Rechte entspringen, solche abgeleiteten Rechte bildeten aber nicht das Wesen jener Garantien. Die Rechte ergeben sich nicht aus der Garantie, sondern aus der garantierten Institution; sie entstehen nicht etwa mit Schaffung der Garantie, sondern werden von dieser vorgefunden. Die institutionelle Garantie kann lediglich die verfassungskräftige Sicherung einzelner subjektiver Rechte bewirken. Vgl. auch *von Mangoldt-Klein*, Vorbem. A II 4 e) a. E.

[100] So aber anscheinend *Lerche*, a. a. O. („regelmäßig").

[101] Das kann an der schon in der Weimarer Republik unstreitigen Auslegung von Art. 137 Abs. 5 S. 1 WRV (rezipiert durch Art. 140 GG) verdeutlicht werden: Gewährleistet ist durch diese institutionelle Garantie der Stellung als Körperschaften des öffentlichen Rechts für Religionsgesellschaften das Wesen der bisherigen öffentlichen Korporationsrechte, nicht jedes einzelne Recht (vgl. etwa *Mikat*, GR IV/1, S. 163 ff.; *Anschütz*, Art. 137, Erl. 9 mit Hinweis auf die Entstehungsgeschichte [Änderung der ursprünglich beabsichtigten Fassung]; umfangreiche weitere Nachweise bei *Klein*, Garantien, S. 71 Anm. 80).

A. Die institutionelle Garantie

Verfassungskraft zuzusprechen, dann nämlich, wenn die betreffenden Normen zum Wesensgehalt der geschützten Institution gehören. Sie erreichen damit den Rang von Verfassungsrecht. Es muß für die einzelne Garantie untersucht werden, wieweit der absolut gesicherte Wesensgehalt nur Objektives festlegende Sätze und wieweit er Verbürgungen subjektiver Rechte enthält[102, 103].

---

[102] Vgl. hierzu die Kontroverse darum, ob Art. 33 Abs. 5 GG dem einzelnen Beamten ein der verfassungsmäßigen Verbürgung entsprechendes Individualrecht gewähre: einerseits etwa BVerfGE 8, 1 (17 f.); 12, 81 (87) — bejahend —, andererseits etwa *Ule*, GR IV/2, S. 565 ff. — verneinend — mit umfassenden Nachweisen.

[103] In der Weimarer Zeit ist ein heftiger Streit um die Zuordnung von institutioneller Garantie und subjektivem öffentlichem Recht geführt worden. Dieser Streit orientierte sich jedoch nahezu ausschließlich an dem Verhältnis der institutionellen Garantie des Berufsbeamtentums in den Art. 128 ff. WRV zu der Bestimmung von Art. 129 Abs. 1 S. 3 WRV, die die wohlerworbenen Rechte der Beamten für unverletzlich erklärte. Da nicht nur die erste, sondern unzweifelhaft auch die zweite Gewährleistung Verfassungskraft besaß, konnte es in der Tat Schwierigkeiten machen, zu entscheiden, ob hier ein Verhältnis von Gleichrangigkeit oder von Über- und Unterordnung gegeben war. Carl *Schmitt* hat die Garantie der wohlerworbenen Rechte in den Rahmen der institutionellen Garantie gestellt, deshalb die Annahme eines Rechts des Beamten auf Besoldung nach der jeweils günstigsten Regelung abgelehnt, lediglich einen Anspruch auf standesgemäßen Unterhalt und die jeweiligen besoldungsgesetzlichen Bezüge als wohlerworbenes Recht gewertet (besonders DJZ 1931, Sp. 917 ff. = Aufsätze, S. 174 ff.; weiter etwa Freiheitsrechte, S. 19 f. = Aufsätze, S. 159 f.; HdBDStR II, S. 589 Anm. 64, S. 595 mit Anm. 84 = Aufsätze, S. 213/214 mit Anm. 84) und diese Sicht für die Fälle der Verbindung von subjektivem Recht und institutioneller Garantie allgemein dahin ausgeweitet, es müsse für die Auslegung im Auge behalten werden, daß die Gewährung subjektiver Rechte der Gewährleistung der Institution untergeordnet sei und ihr zu dienen habe, daß also der institutionelle Gesichtspunkt und nicht das individualistisch-egoistische Interesse des subjektiv Berechtigten entscheide (Freiheitsrechte, S. 10 = Aufsätze, S. 149; vgl. auch HdBDStR II, S. 596 = Aufsätze, S. 214/215 mit der Bemerkung, die Garantie subjektiver Rechte sei in diesen Fällen nur Bestandteil oder Akzessorium der institutionellen Garantie und nicht als selbständiges Grundrecht aufzufassen). Sowohl *Schmitts* Auffassung von dem Verhältnis zwischen der institutionellen Garantie des Berufsbeamtentums und Art. 129 Abs. 1 S. 3 WRV wie auch seine allgemeine Bestimmung des Verhältnisses zwischen verbundenen Gewährleistungen von Einrichtung und subjektivem Recht ist auf Ablehnung gestoßen (vgl. *Klein*, Garantien, S. 220 ff.; S. 184 ff.); die erstgenannte, spezielle Stellungnahme sogar ganz überwiegend (vgl. die Nachweise bei *Klein*, a. a. O., S. 221 Anm. 43). — Übersehen wurde in der Weimarer Zeit, daß subjektive Rechte, soweit sie überhaupt von institutionellen Garantien berührt werden, in aller Regel durch Normen gewährleistet werden, die zu der garantierten Institution gehören, also innerhalb der Institution. Insofern hätte die — im Grundgesetz nicht mehr enthaltene — Verbürgung von Art. 129 Abs. 1 S. 3 WRV schon mindestens als Besonderheit gewertet werden müssen. Von hier aus fortschreitend hätte man dann die Frage stellen müssen, ob nicht die Garantie der wohlerworbenen Rechte der Beamten ein verselbständigtes Stück Wesensgehalt der Institution Berufsbeamtentum darstelle und sich so der allgemeinen institutionellen Garantie einfüge. Entsprechendes ist für das geltende Verfassungsrecht im Hinblick auf Art. 140 GG / Art. 137 Abs. 5 S. 1 WRV und Art. 137 Abs. 6 WRV anzunehmen: das Besteuerungsrecht der Religionsgesellschaften, die Körperschaften des öffentlichen Rechts sind, ist nicht als

B. Die Institutsgarantie

I. Die bisherigen (teilweisen) Definitionen

Anders als im Falle der institutionellen Garantie liegt eine Definition der Institutsgarantie bislang nicht vor. Gegeben worden sind bereits Bestimmungen des Begriffs „Institut"; für den Begriff „Garantie" ist im wesentlichen auf das zurückzugreifen, was hierzu unter Bezug auf die Einrichtungsgarantien insgesamt gesagt worden ist.

Carl Schmitt nannte 1931[104] die Institutsgarantie „Garantie eines inhaltlich bestimmten Normenkomplexes". Etwas früher hatte Schmitt ausführlicher die Institutsgarantien „verfassungsrechtliche Gewährleistungen von Rechtsinstituten im Sinne von typischen, traditionell feststehenden Normenkomplexen und Rechtsbeziehungen" genannt[105]. E. R. Huber führte 1933 aus[106], bei den Institutsgarantien handele es sich um die Garantie eines Rechtsinstituts im technischen Sinn, nämlich „einer vom positiven Recht inhaltlich bestimmten und nach außen abgegrenzten Grundform, in der die tatsächlichen Lebensverhältnisse rechtlich erfaßt werden können". Das Institut sei „eine abstrakte Form von allgemeiner Prägung, in die die konkreten Rechtsbeziehungen einzuordnen sind".

Was Definitionen des Begriffselements „Garantie" angeht, sind hier die oben angeführten Bestimmungen von Thoma und Anschütz einschlägig, die ja einem einheitlichen, nicht zerlegten Begriff der Einrichtungsgarantie gelten und folglich auch für die Gruppe der Institutsgarantien Anwendung beanspruchen können[107].

II. Zu den Merkmalen im einzelnen

1. Das Institut

Das Institut ist zunächst ebenso wie die Institution Rechtseinrichtung, nämlich Komplex von Rechtssätzen. Insoweit gilt für es das zur Institu-

---

der institutionellen Garantie nebengeordnete Verbürgung eines subjektiven Rechtes, sondern als Teil des unverletzlichen Wesensgehaltes der garantierten Institution genannt, um insoweit allen Zweifeln bei der Ermittlung dieses Wesensgehaltes vorzubeugen.

[104] Freiheitsrechte, S. 25 = Aufsätze, S. 164 (die Vollständigkeit der Definition wird allerdings durch das Wort „gleichzeitig" in Frage gestellt).
[105] HdBDStR II, S. 596 = Aufsätze, S. 215.
[106] AöR NF Bd. 23 (1933), S. 37.
[107] Die besonders wichtigen Darlegungen von *Boehmer* (Nipp. III, S. 250 ff. [S. 253 ff.]) arbeiten eindringlich Bedeutung und Wirkung verfassungsrechtlicher Institutsgarantien heraus. Sie bringen jedoch keine Definition im eigentlichen Sinne; auch ist *Boehmers* Untersuchung nicht als Beitrag in der Folge von *Schmitts* Lehre anzusehen — er hat vielmehr, wie bereits dargelegt, einen besonderen Standort.

tion Ausgeführte. Insbesondere besteht das Institut nicht nur aus Einzelbestimmungen, sondern auch aus das betreffende Rechtsgebiet beherrschenden Strukturprinzipien[108]. Von der Institution hebt sich das Institut jedoch dadurch ab, daß es durch Vorschriften des Privatrechts gebildet wird und daß es nicht außerrechtliche Realität hat. Es ist kein in der Wirklichkeit funktionierender Ordnungszusammenhang. Das Institut ist Teil der Rechtsordnung und nichts als das. Ganz wie die Institution steht es aber im Gegensatz zur Freiheit im Sinne der Freiheitsrechte, wie schon Carl Schmitt und E. R. Huber in ihren oben angeführten Äußerungen deutlich dargetan haben. Die Freiheit ist kein Institut und kann es auch nicht werden.

Wie im Falle der institutionellen Garantien muß auch in dem der Institutsgarantien verlangt werden, daß das Gewährleistete älter als die Verfassung ist. Carl Schmitt hat dieser Ansicht deutlich Ausdruck gegeben, wenn er, wie oben angeführt, von typischen, traditionell feststehenden Normenkomplexen und Rechtsbeziehungen sprach[109]. Nur in diesem Fall tritt die Garantiefunktion der betreffenden Normen unabgeleitet hervor. Deshalb könnte der Kernbestand von in Ausführung des Art. 6 Abs. 5 GG ergangenen Rechtsvorschriften niemals als Institutskern im Sinne der Lehre von den Einrichtungsgarantien angesehen werden, wie immer man die Frage der Abänderbarkeit der betreffenden Vorschriften durch den einfachen Gesetzgeber auch beurteilen würde.

2. Die Garantie

Anders als die institutionelle Garantie richtet sich die Institutsgarantie nur gegen den Gesetzgeber, nicht auch gegen die Exekutive[110]. Das ist

---

[108] S. *Scheffler*, GR IV/1, S. 257 (die Beschränkung der Institutsgarantie des Art. 6 Abs. 1 GG auf die wesentlichen Strukturprinzipien sei nicht gleichzusetzen mit der Gewährleistung nur weniger, praktisch besonders wichtiger Normen. Vielmehr seien alle Ehe und Familie gestaltenden und ordnenden einfachen Normen bis in die letzten Verästelungen rechtlicher Einzelfragen diesen Strukturprinzipien unterworfen).

[109] Vgl. auch *Klein*, Garantien, S. 107/108, S. 326 Anm. 138 a. E.

[110] So mit Recht für die Garantie des Instituts Eigentum (Art. 14 GG) Werner *Weber*, GR II, S. 355/356, der hinsichtlich dieser Garantie ebenfalls mit Recht auch die abgeleitete Rechtsetzung und die autonome Rechtschöpfung durch Selbstverwaltungskörperschaften als Adressaten auffaßt. Ebenso für Eigentum und Erbrecht *von Mangoldt-Klein*, Art. 14, Erl. II 11 und *Haas*, System, S. 33. Martin *Wolff* hingegen bezog die Garantie des Eigentumsinstituts auch auf die Verwaltung (Eigentum, S. 6). Ebenso sprachen sich *Giese*, Art. 153, Erl. 1 und *Schelcher*, Nipp. III, S. 207; AöR NF Bd. 18 (1930), S. 344 aus. Carl *Schmitt* scheint sogar allgemein eine gewisse Wirkung der Institutsgarantien auch gegenüber der Exekutive annehmen zu wollen, wenn er meint, die Garantie eines Rechtsinstituts richte sich *im allgemeinen vor allem* (Hervorhebung nicht bei *Schmitt*) gegen den Gesetzgeber und schränke dessen Befugnisse ein (Freiheitsrechte, S. 25 = Aufsätze, S. 164). Vgl. auch *Leisner*, Grundrechte, S. 286/287 Anm. 2 a.

72 Abschnitt III: Gemeinsame Merkmale der Verfassungsbestimmungen

eben darauf zurückzuführen, daß das Institut sich im Rechtlichen erschöpft. Den Bereich der Rechtsordnung vermag exekutivisches Handeln aber grundsätzlich nicht zu beeinflussen. Weil sie allein diesem Bereich angehören, vermögen die Institutsgarantien auch keine Wirkung für den Privatrechtsverkehr zu entfalten[111].

Unterscheiden sich so institutionelle Garantie und Institutsgarantie hinsichtlich der Abwehrrichtung, so stimmen sie doch in der Schutzwirkung überein. Beide entziehen einen Einrichtungskern jeglicher Antastung. Auch die Institutsgarantie sichert den Wesensgehalt ihres Gegenstandes absolut. Das wurde zur Weimarer Zeit anerkannt[112]; auch für das Bonner Grundgesetz ist es unbestritten[113]. Was aber im Bereich des von der Verfassung berücksichtigten Instituts nicht absolut geschützt ist, steht dem Eingriff durch den Gesetzgeber offen. Relative Schranken gibt es auch bei den Institutsgarantien nicht. Wie die institutionelle Garantie vermag die Institutsgarantie schließlich auch keine programmatische Wirkung zu entfalten. Auch für sie muß gelten, daß das programmatische Element als von dem garantierend erhaltenden grundverschieden besonders im Wege des Auslegung zu ermitteln ist. Auch hier ist die Selbständigkeit der beiden Normfunktionen gegeben[114].

---

[111] So aber *Enneccerus-Nipperdey*, Allgemeiner Teil, S. 92 f. (§ 15) und in ganz beschränktem Umfang für die Einrichtungsgarantien allgemein *von Mangoldt-Klein*, Vorbem. A II 4 e) (begrenzt aber auf den Grundrechtsteil). Dagegen mit Recht *Leisner*, a. a. O. Vgl. auch *Dürig*, ZgesStW Bd. 109 (1953), S. 339 Anm. 2 für die Eigentumsgarantie.

[112] Vgl. außer den oben gegebenen entsprechenden Hinweisen zur institutionellen Garantie auf *Thoma*, *Anschütz*, *Lassar*, deren Äußerungen den Einrichtungsgarantien insgesamt, also auch den Institutsgarantien gelten, etwa noch E. R. *Huber*, AöR NF Bd. 23 (1933), S. 38 und *Klein*, Garantien, S. 111 ff. Zu den einzelnen in der Weimarer Zeit anerkannten Institutsgarantien vgl. die Zitate und Nachweise bei *Klein*, a. a. O., S. 77 ff.

[113] Vgl. im einzelnen etwa: Zu Art. 6 GG: *von Mangoldt*, Art. 6, Erl. 2; *von Mangoldt-Klein*, Art. 6, Erl. III 3; *Wernicke*, BK, Art. 6, Erl. II 1 c); *Hamann*, Art. 6, Erl. A 2 leitet die institutserhaltende Wirkung von Art. 6, Abs. 1 GG aus seiner Funktion als Grundsatznorm (verbindliche Wertentscheidung) her; weiter BVerfGE 6, 55 (72). — Zu Art. 14 GG — Eigentum: *von Mangoldt-Klein*, Art. 14, Erl. II 6 c); *Abraham*, BK, Art. 14, Erl. II 1; *Hamann*, Art. 14, Erl. B 4 b) bb), cc), dd); *Giese-Schunck*, Art. 14, Erl. II 3. — Zu Art. 14 GG — Erbrecht: *von Mangoldt*, Art. 14, Erl. 3 (mit unklarer Beziehung auf Art. 19 Abs. 2, die in der folgenden Anmerkung auch hinsichtlich des Eigentumsinstituts erscheint; im übrigen spricht *von Mangoldt* hinsichtlich des Erbrechts von institutioneller Garantie); *von Mangoldt-Klein*, Art. 14, Erl. II 6 c), III 2; *Abraham*, BK, Art. 14, Erl. II 1, 3 (in Erl. 3 wird zum Wesensgehaltsschutz auf Art. 19 Abs. 2 verwiesen, im übrigen wird weder bei Art. 14 noch bei Art. 6 der Ausdruck Institutsgarantie [oder Rechtsinstitutsgarantie] gebraucht [und auch nicht von Einrichtungsgarantie oder institutioneller Garantie gesprochen]); *Hamann*, Art. 14, Erl. B 3 b) (*Hamann* spricht hinsichtlich Eigentum und Erbrecht von institutioneller Garantie); *Giese-Schunck*, Art. 14, Erl. II 3 (wie im BK fehlt allerdings der Ausdruck Institutsgarantie o. ä.; auch hier wird außerdem Art. 19 Abs. 2 GG genannt).

[114] Im Bereich von Art. 6 Abs. 1 GG scheiden klar die institutserhaltende von der programmatischen Funktion *von Mangoldt-Klein*, Art. 6, Erl. III 1.

B. Die Institutsgarantie

III. Institutsgarantie und subjektives Recht

Alle Institutsgarantien des Grundgesetzes sind konnexe und komplementäre Gewährleistungen: sie stehen in Verbindung mit Verbürgungen von subjektiven öffentlichen Rechten in Form von Grundrechten des Grundrechtsteils. Die garantierten Institute geben den auf sie zu beziehenden Grundrechten den konkreten Inhalt, von ihnen aus erst läßt sich ermessen, was das Grundrecht im einzelnen zu leisten vermag. Für Art. 14 GG hat Werner Weber ausgesprochen, daß Eigentum und Vermögen von vornherein nicht mehr hergeben, als ihnen die im Recht ausgeformte Sozialordnung überhaupt an Inhalt und Möglichkeiten zuerkennt[115]. Dann kann aber nur ein derartiges Rechtsinstitut dem ebenfalls in Art. 14 GG verbürgten Grundrecht die Richtung weisen und es mit Gehalt erfüllen. Das gilt allgemein: die in der Form von Grundrechten erscheinenden, neben den Einrichtungsgewährleistungen der Art. 6 Abs. 1 und 14 Abs. 1 S. 1 GG garantierten subjektiven öffentlichen Rechte orientieren sich an den betreffenden Instituten. Das schließt noch nicht aus, diesen Instituten einen vorstaatlichen Ordnungskern beizulegen[116]. Ein solcher Kern wird aber jedenfalls durch die Fülle der im Institut gegebenen Regelungen erweitert, umkleidet und für den „Rechtsalltag" eingerichtet[117]. Erst im Hinblick darauf wird das Grundrecht „gehaltvoll". Um dem Rechnung zu tragen, mußte der Verfassunggeber neben den Gewährleistungen von Grundrechten in Art. 6 Abs. 1 und 14 Abs. 1 S. 1 GG auch die betreffenden Privatrechtsinstitute garantieren. Diese Einrichtungsgarantien können also als den Grundrechtsverbürgungen denknotwendig zugeordnet angesehen werden[118]; die Grundrechtsfestlegung ohne die Institutsgarantie wäre sinn- und wertlos.

Im übrigen begreifen die Institutsgarantien subjektive Rechte ein, und zwar subjektive Rechte des Privatrechts. Die garantierten Institute umschließen zahlreiche Normen, aus denen sich derartige Rechte ergeben[119]. Nur der Kernbestand dieser Normen und damit der auf ihnen

---

[115] NJW 1950, 402; vgl. auch GR II, S. 355.

[116] So *Scheffler*, GR IV/1, S. 249 f., S. 257 Anm. 61 für Ehe und Familie; ähnlich *Dürig*, ZgesStW Bd. 109 (1953), S. 333 f.; passim für das Eigentum (vom Gesetz nicht erreichtbarer Wertkern).

[117] Vgl. auch Werner *Weber*, GR II, S. 356, wo bemerkt wird, für die Auslegung des Art. 14 GG stehe die Frage, ob es sich bei dem Eigentum um ein dem Staat vorgegebenes Menschenrecht handle, nicht zur Erörterung. Sie sei dem Verfassungschöpfer gestellt, nicht dem Gesetzgeber, der seinerseits in der Verfassungsnorm die für ihn verbindliche Richtlinie vorfinde.

[118] *von Mangoldt-Klein*, Vorbem. A VI 3 d).

[119] Vgl. hierzu *Dürig*, ZgesStW Bd. 109 (1953), S. 339 für Art. 14 GG, mit exakter Gegenüberstellung von Gewährleistung des konkreten subjektiven öffentlichen Rechtes (= Grundrecht im echten Sinne) und Garantie der ab-

beruhenden Einzelrechte ist verfassungskräftig abgeschirmt. Es gilt hier im Grundsatz das für die Garantie subjektiver öffentlicher Rechte durch Institutionsgewährleistung Ausgeführte[120].

C. Einrichtungsgarantien und Status-quo-Garantien

Carl Schmitt hat neben seiner Entwicklung der Lehre von den Einrichtungsgarantien als erster auch die von ihm so genannten Status-quo-Garantien behandelt[121]. Er unterschied[122] zwischen reinen Status-quo-Garantien, die im Hinblick auf einen bestimmten Stichtag, etwa den Tag des Inkrafttretens der Reichsverfassung, eine bestimmte Sach- oder Rechtslage festlegen wollten (Beispiele: Art. 173, 174 WRV), und sonstigen Fällen dieser Garantie, bei denen es sich meistens um konnexe oder komplementäre Garantien handle, die zu institutionellen Garantien hinzuträten; so sah Schmitt die institutionelle Garantie der Religionsgesellschaften des öffentlichen Rechts in Art. 137 WRV ergänzt durch die konnexen Status-quo-Garantien in Art. 137 Abs. 5 S. 1, 173 und 138 Abs. 2. Außerdem bemerkte Schmitt, die institutionelle Garantie enthalte immer Elemente der Garantie eines Status quo[123].

---

strakten Zusammenfassung der anderen gegenüber bestehenden Privatrechte in Form des vorgefundenen Rechtsinstituts. — Für die Erbrechtsgewährleistung in Art. 14 Abs. 1 S. 1 GG entwickelt im einzelnen den geschützten Institutskern *Boehmer*, GR II, S. 410 ff., wobei u. a. das Pflichtteilsrecht des Ehegatten, der Abkömmlinge und unter Umständen der Eltern (auf einen angemessenen Anteil des Nachlasses) als zum gesicherten Wesensgehalt der Erbrechtsordnung gehörig erkannt wird (S. 415 ff.).

[120] Ungenau *Wertenbruch*, Menschenwürde, S. 98: eine „institutionelle Garantie" dürfe wohl letztlich nur als Keim eines Bündels von Grundrechten gedacht werden, das sich auf dem Boden der Garantie (z. B. des Eigentums) zu irgendeiner Zeit einmal ausfächern und von der Garantie verfassungsrechtlich emanzipieren werde. Die Grundrechtsgewährleistungen sind denen der betreffenden Institute nebengeordnet und entspringen nicht aus ihnen; die Verbürgungen subjektiver Rechte des Privatrechts ergeben sich aus dem jeweiligen Institut, nicht aus seiner Garantie. — Mit Einschränkungen richtig *Maunz-Dürig*, Art. 1 Abs. 3, Rdnr. 98: Einrichtungsgarantien mit Grundrechtsbezug beständen nach Maßgabe und wegen der zugrunde liegenden subjektiven Rechte. Sie seien deren Umbau, nicht deren Quelle. Dies kann nur gelten, soweit subjektive Rechte des Privatrechts in Rede stehen, ausgenommen allerdings den Umstand, daß die Institutsgarantien in der Tat auch wegen der mit ihnen verbundenen Grundrechte = subjektiven öffentlichen Rechte bestehen. Im übrigen sind die Einrichtungsgarantien mit Grundrechtsbezug nicht nur nach Maßgabe subjektiver Rechte gegeben, sondern von Normenkomplexen, die auch Bestimmungen einschließen, welche lediglich Objektives festlegen.

[121] Besonders Freiheitsrechte, S. 16 ff. = Aufsätze, S. 155 ff.; HdBDStR II, S. 596/597 = Aufsätze, S. 216.

[122] Freiheitsrechte, a. a. O. = Aufsätze, a. a. O.

[123] Freiheitsrechte, S. 16 = Aufsätze, S. 155.

C. Einrichtungsgarantien und Status-quo-Garantien

Friedrich Klein nahm dann an[124], in jeder institutionellen Garantie sei begriffsnotwendig eine Status-quo-Garantie enthalten. Letztere sei begrifflich-konstruktiv nur ein Bestandteil, hinsichtlich ihrer Funktion lediglich eine Begleit-, eine Folgeerscheinung der institutionellen Garantie. Er sprach deshalb insoweit von „unselbständigen Status-quo-Garantien".

Der genannten Gruppe stellte Klein die der „selbständigen Status-quo-Garantien" gegenüber[125]. Innerhalb dieser Gruppe unterschied er[126] „isolierte" Status-quo-Garantien — die „reinen" Carl Schmitts — und „konnexe" (oder „komplementäre") Status-quo-Garantien[127].

Im Zusammenhang einer Arbeit über die Einrichtungsgarantien kann die Lehre von den Status-quo-Garantien Beachtung nur insoweit beanspruchen, als sie (durch Klein) den Begriff der mit jeder institutionellen Garantie begriffsnotwendig verbundenen unselbständigen Status-quo-Garantie hervorgebracht hat. Er fragt sich, ob dieser Begriff sinnvoll ist[128].

Nun erscheint die Gewährleistung eines Status quo, eines Zustandes, in den institutionellen Garantien (und den Einrichtungsgarantien überhaupt) nicht als einer Einrichtungsgewährleistung neben- und untergeordnetes Element. Die Einrichtungsgarantie ist *zugleich* auch Zustandsgarantie, gewissermaßen Garantie eines qualifizierten, zu einer „Institution" oder einem „Institut" verdichteten Zustandes; letztere Garantie ist von ersterer nicht trennbar. Dann ist die Bezeichnung der institutionellen Garantien als (zugleich auch) unselbständige Status-quo-Garantien durch Klein aber unrichtig, mindestens überflüssig. „Institutionelle Garantie" begreift das, was durch Kleins Begriff zum Ausdruck kommen sollte, bereits ein. Die zusätzliche Kennzeichnung bringt kein neues Element mehr.

Die bezeichnete Verbindung der beiden Garantiearten ist also nicht förderlich. Weitere Erörterungen, inwieweit die Lehre von den Status-quo-Garantien auch für das Grundgesetz Bedeutung beanspruchen könnte, sind unter dem vorliegenden Thema nicht am Platze

---

[124] Garantien, S. 191; außerdem S. 191/192 Anm. 4.
[125] a. a. O., S. 192.
[126] a. a. O., S. 192 ff., 235 ff.
[127] Für das Grundgesetz geht auf die Figur der Status-quo-Garantie kurz ein *Scheuner*, Recht-Staat-Wirtschaft, Bd. 4, S. 94, wobei mit der hier vertretenen Ansicht nicht übereinstimmend in Art. 7 Abs. 3 S. 1 GG eine solche und keine institutionelle Garantie gefunden wird.
[128] *Klein* rechtfertigt ihn noch besonders, mit eigener Einschränkung, Garantien, S. 191/192 Anm. 4.

D. Die Einrichtungsgarantien des Grundgesetzes als Ansatzpunkt eines verfassungsrechtlichen Wertsystems?

Über die dargestellte Bedeutung der Einrichtungsgarantien des Grundgesetzes hinaus wollen Spanner und Scheuner diesen Gewährleistungen noch einen besonderen Sinn beilegen. Spanner bemerkt[129], nicht zuletzt aus den „Institutsgarantien" (von ihm für Einrichtungsgarantien gebrauchter Ausdruck) ergäben sich wichtige Hinweise auf die dem Grundgesetz zugrunde liegende Wertordnung, oder solche Garantien könnten geradezu als Bestandteile dieser Wertordnung angesehen werden. Scheuner legt dar[130], es sei eine Eigenart der deutschen Grundrechtsauffassung, daß hier neben die Freiheitsrechte des Individuums seit jeher auch objektive Institutionen träten, die ferner durch Verbürgungen für einzelne Gruppen (Art. 4 Abs. 3, 6 Abs. 5 GG) ergänzt würden. Darin liege im Ansatz der Gedanke, ein ganzes System politisch-bürgerlicher Grundwerte aufzurichten, das den Staat tragen und ihm Ziel und Inhalt geben solle. Am weitesten seien hierin die Frankfurter Verfassung von 1848 und die Weimarer Reichsverfassung sowie einige heute geltende Landesverfassungen gegangen. Das Grundgesetz gebe bewußt kein volles System, sondern beschränke sich auf die wichtigsten traditionellen Freiheitsrechte, denen einzelne weitere Bestimmungen angefügt würden.

Diesen Darlegungen kann im wesentlichen zugestimmt werden. Es muß jedoch beachtet werden, daß die Verbindung von Einrichtungsgarantien mit verfassungskräftigen Wertentscheidungen nicht einseitig werden darf. Wird nämlich diese Verbindung zu sehr betont, tritt die Bedeutung der garantierten Einrichtungen gegenüber den Freiheitsrechten, namentlich den nicht mit Einrichtungsgarantien verbundenen, unangemessen stark hervor; es könnte schließlich sogar eine Akzentverschiebung eintreten. Die Freiheit im Sinne der Freiheitsrechte kann nämlich, wie ausführlich dargelegt, nicht zur Institution und nicht zum Institut werden. Entsprechend dieser Erkenntnis könnte ein zu einseitig mit den Einrichtungsgarantien verbundenes Wertsystem gegenüber dem Feld der Freiheitsrechte abgegrenzt werden — was nicht nur falsch, sondern auch sehr gefährlich wäre. Scheuners angeführte Äußerungen vermeiden diesen Irrweg, indem sie in das als Ansatz angenommene System politisch-bürgerlicher Grundwerte vor allem auch die individuellen Freiheitsrechte ausdrücklich einbeziehen. Auch Spanner beschränkt die Wertordnung der Verfassung keineswegs auf den Kreis der Einrichtungsgarantien.

---

[129] VerwArch. Bd. 51 (1960), S. 167.
[130] Recht-Staat-Wirtschaft, Bd. 3, S. 157/158.

E. Abgrenzung anderer Verfassungsbestimmungen von den hier angenommenen Einrichtungsgarantien

Wie bereits deutlich gemacht, wird von Einrichtungsgarantien, institutionellen Garantien, Institutsgarantien in erheblichem Umfang auch außerhalb des Bereiches der hier auf ihre gemeinsamen Merkmale untersuchten Verfassungsbestimmungen gesprochen. Eine eigentliche Auseinandersetzung mit derartigen Äußerungen ist freilich nicht möglich, da der besonderen Begriffsverwirrung auf diesem Felde wegen jedenfalls häufig nicht zu erkennen ist, ob ein Autor die fraglichen Begriffe im Sinne der von Carl Schmitt begründeten Lehre oder in einem besonderen, ihnen von ihm beigelegten Sinne verstanden wissen will. Eine Polemik stände stets unter der Gefahr, gegen nicht Gemeintes, eine nur vermeintliche Gegenposition, anzugehen. Äußerungen der ins Auge gefaßten Art können aber dazu dienen, Gegenbeispiele zu liefern. Indem erläutert wird, warum gewisse Verfassungsbestimmungen keine Einrichtungsgarantien enthalten, wird das, was zu diesem Begriff und seinen Untergruppen entwickelt worden ist, unterstrichen und verdeutlicht. Die in Betracht kommenden Äußerungen des Schrifttums sind also kein geeigneter Gegenstand für eine Auseinandersetzung, wohl aber können sie und sollen sie hier als Hilfsmittel zur Klärung verwandt werden.

I. Art. 5 Abs. 1 GG

1. Einrichtungsgarantie für die Presse?

In verschiedenen Äußerungen ist von einer Einrichtungsgarantie, institutionellen Garantie oder Institutsgarantie hinsichtlich der Presse oder der Pressefreiheit in Art. 5 Abs. 1 S. 2 GG gesprochen worden[131].

Eine Einrichtungsgarantie der Pressefreiheit kommt jedoch schon deshalb nicht in Betracht, weil Freiheit und Institution sowie Institut, wie ausführlich dargelegt, scharf voneinander zu trennen sind. Die Presse aber, gesehen etwa als Zusammenfassung aller an der Materialbeschaf-

---

[131] *von Mangoldt-Klein*, Art. 5, Erl. VI 1 a. E.; Vorbem. A VI 3 c) a. E. (Garantie eines gesellschaftlichen Sachverhalts in Verbindung mit einer [Rechts-] Einrichtung); *Scheuner*, Recht-Staat-Wirtschaft, Bd. 4, S. 106, 107; *Schlochauer*, Öffentliches Recht, S. 48; *Dahm*, Deutsches Recht, S. 294; *Wertenbruch*, Menschenwürde, S. 97 (institutionelle Garantie); Franz *Schneider*, Presse- und Meinungsfreiheit, S. 126 ff., insbesondere S. 134/135 (Institutsgarantie); *Geiger*, Staatslexikon, Art. Grundrechte, Sp. 1131 Ziff. 10. *Reinelt*, Rundfunk in der Verfassungsordnung, S. 82, 78, 84, spricht zwar von institutioneller Garantie, sieht hierin aber offenbar die Garantie eines gesellschaftlichen Sachverhaltes im Sinne *Kleins* (vgl. S. 74/75 ebenda). Die Frage, ob Art. 5 Abs. 1 GG eine institutionelle Garantie der Presse enthält, ist auch auf der Tagung der Vereinigung der Deutschen Staatsrechtslehrer 1963 erörtert worden. Vgl. dazu etwa den Bericht von *Kimminich*, JZ 1963, 769 ff. (770).

fung, Verarbeitung der Information, Nachrichten- und Kommentargebung, Vervielfältigung, Herausgabe und Verbreitung der Presseäußerung Beteiligten (Agenturen, Korrespondenten, freie Mitarbeiter, Redaktionsstab, Druck und Vertrieb)[132], ist keine vom Verfassunggeber vorgefundene Rechtseinrichtung, kein Normenkomplex. Für sie sind neben allgemeinen auch besondere Rechtsvorschriften maßgeblich, sie wird aber nicht durch Rechtsvorschriften gebildet.

2. Einrichtungsgarantie für Rundfunk und Film?

Aus Art. 5 Abs. 1 S. 2 GG ist auch, soweit er von der Freiheit der Berichterstattung durch Rundfunk und Film spricht, verschiedentlich mindestens eine institutionelle Garantie hergeleitet worden[133]. Rundfunk und Film kommen aber als Gegenstand einer Einrichtungsgarantie nicht in Betracht, da es sich hierbei wie bei der Presse nicht um vom Verfassunggeber vorgefundene Normenkomplexe handelt. Es könnte höchstens erwogen werden, ob eine institutionelle Garantie der Rechtsform für die Länder-Rundfunkanstalten, soweit sie vom Grundgesetz vorgefunden worden ist, angenommen werden kann, also eine institutionelle Garantie mit räumlich begrenzter Wirkung. Das würde eine Garantie der Rechtsform „Rechtsfähige Anstalt des öffentlichen Rechts" für die Rundfunkanstalten in Bayern, Hessen und Bremen bedeuten[134]. Auf diese Rechtsform ist das Rundfunksystem der Bundesrepublik durch Art. 5 Abs. 1 S. 2 GG aber nicht festgelegt. Dem vielfältig angegriffenen Fernsehurteil des Bundesverfassungsgerichts[135] ist insofern jedenfalls

---

[132] *Geiger*, a. a. O.

[133] *Schlochauer*, Öffentliches Recht, S. 48 (institutionelle Garantie für Rundfunk und Film); *Thieme*, AöR Bd. 88 (1963), S. 44 (institutionelle Garantie zugunsten eines unabhängigen Rundfunks); *Dahm*, a. a. O.; vgl. auch *Zeidler*, AöR Bd. 86 (1961), S. 388, 389 (zum Rundfunk), der bei der Besprechung des Fernsehurteils des Bundesverfassungsgerichts (BVerfGE 12, 205 ff.) von Institutsgarantie spricht (a. a. O., S. 389). Das genannte Urteil spricht jedoch lediglich von der institutionellen Freiheit des Rundfunks (S. 259 ff.). Nicht eindeutig ist der Hinweis von *von Mangoldt-Klein* (Art. 5, Erl. VII 1 a. E.) auf ihre Darlegungen zur Pressefreiheit. *Reinelt*, Rundfunk in der Verfassungsordnung, spricht einmal von institutioneller Garantie der Rundfunkfreiheit und des Rundfunks (insbesondere S. 91 ff.), worunter er offenbar die Garantie eines gesellschaftlichen Sachverhalts im Sinne *Kleins* versteht (vgl. S. 74/75 a. a. O.), dann aber (S. 96 f.) faßt er die von ihm angenommene institutionelle Garantie als Gewährleistung von Stellung und Funktion der einzelnen Rundfunkstation auf.

[134] Vgl. dazu *Ridder*, Kirche, Staat, Rundfunk, S. 49: Art. 5 GG, der mit dem GG wie eine Glocke über die beim Erlaß des GG vorhandenen Länderrundfunkgesetze gestülpt worden sei, wirke sich als sehr starke Status-quo-Garantie für die derzeitige positivlandesrechtliche Rundfunkordnung mit den Prinzipien, die durch den Rundfunkrat und seine Zusammensetzung indiziert würden, aus.

[135] BVerfGE 12, 205 (262); eindringliche Kritik des Urteils insgesamt etwa bei *Bettermann*, DVBl. 1963, 41 ff.

E. Abgrenzung anderer Verfassungsbestimmungen 79

beizutreten; die Freiheit der Berichterstattung durch den Rundfunk kann auch auf andere Weise gesichert werden[136]. Damit entfällt die Möglichkeit anzunehmen, Art. 5 Abs. 1 S. 2 GG habe das Länder-Rundfunksystem, soweit vorgefunden, im Wege einer institutionellen Garantie erhalten wollen.

Mit den vorstehenden, Presse und Rundfunk betreffenden Darlegungen sollte nicht etwa behauptet werden, daß in diesem Bereich überhaupt nur Grundrechte der einzelnen in Presse und Rundfunk Arbeitenden bestehen, aber kein Schutz von Presse und Rundfunk selbst gegeben ist. Presse und Rundfunk sind jeweils durch eine verfassungskräftige Grundsatznorm oder Wertentscheidung etwa im Sinne von BVerfGE 6, 55 (72) geschützt, an der alle staatlichen Maßnahmen zu messen sind. Was zu dieser Wertentscheidung zugunsten einer freien Presse und eines freien Rundfunks in Widerspruch steht, ist auch dann verfassungswidrig, wenn Grundrechte nicht verletzt sind. Entsprechendes wird für den Film angenommen werden können.

II. Art. 5 Abs. 3 S. 1 GG

Gelegentlich ist ohne weitere Vertiefung eine institutionelle Garantie der Kunst (Art. 5 Abs. 3 GG) angenommen worden[137]. Hierbei könnte es sich aber, da Begriff und Inhalt der Kunst nicht durch einen Normenkomplex festgelegt sind, lediglich um die Garantie eines gesellschaftlichen Sachverhaltes im Sinne Kleins handeln. Die Lehre von den Garantien gesellschaftlicher Sachverhalte im Grundgesetz ist aber bereits in ausführlicher Auseinandersetzung abgelehnt worden.

III. Art. 7 Abs. 4 S. 1 GG

Mehrere Autoren haben dem Art. 7 Abs. 4 S. 1 GG eine Einrichtungsgarantie zugunsten des Privatschulwesens oder der Privatschulen entnommen[138]. Das könnte nur dann richtig sein, wenn das Grundgesetz das vorgefundene, auf Rechtsnormen beruhende Privatschulsystem hätte

---

[136] Vgl. auch *Ridder*, Kirche, Staat, Rundfunk, S. 49. *Reinelt*, Rundfunk in der Verfassungsordnung, insbesonders S. 109 f., meint hingegen, der Rundfunkgarantie genüge allein die Rundfunkanstalt des öffentlichen Rechts in ihrer besonderen, von den Rundfunkgesetzen geschaffenen Rechts- und Organisationsform.

[137] *Schlochauer*, Öffentliches Recht, S. 48; *Wertenbruch*, Menschenwürde, S. 97.

[138] *von Mangoldt-Klein*, Art. 7, Erl. II 6; VI 2; Hans *Peters*, GR IV/1, S. 428; vgl. auch S. 403 (institutionelle Verfassungsgarantie); *Maunz*, Staatsrecht, S. 90 (institutionelle Garantie oder Institutsgarantie); *Dahm*, Deutsches Recht, S. 294; *Sasse*, AöR Bd. 85 (1960), S. 448 (institutionelle Garantie). BVerfGE 6, 309 (355) ist wohl ebenso zu verstehen. Unklar *Wertenbruch*, Menschenwürde, S. 97, der zu den institutionellen Garantien unter anderem den ganzen Art. 7 ohne Abs. 2, 3 S. 3, 4 S. 1 stellt.

erhalten wollen. Art. 7 GG bedeutet aber für die deutsche Privatschule und ihr Recht gerade den Beginn eines neuen Abschnitts. Die Privatschulen stehen als Schuleinrichtungen eigenen Gepräges nunmehr gleichberechtigt neben den öffentlichen Schulen. Ihre Rechte und Pflichten ergeben sich nicht nur wie bisher negativ aus dem Gesichtspunkt des Schutzes der Allgemeinheit vor unzureichenden Bildungseinrichtungen, sondern positiv aus der Eigenständigkeit als freie Schulen[139]. Dementsprechend haben die Unterrichtsverwaltungen der Länder unter dem 10./11. 8. 1951 eine neue Vereinbarung über das Privatschulwesen[140] abgeschlossen, die eine offizielle Kommentierung der privatschulrechtlichen Bestimmungen in Art. 7 GG darstellt[141]. Art. 7 wollte also im Bereich des Privatschulwesens viel weniger Überkommenes bewahren als Neues begründen. Deshalb ist die in Frage stehende Garantie nicht gegeben.

IV. Art. 9 Abs. 1 GG

Von Mangoldt-Klein führen zu Art. 9 GG aus, Abs. 1 enthalte die Garantie der gesellschaftlichen Sachverhalte „Vereine" und „Gesellschaften", Grundrechte der einzelnen und der Vereine und Gesellschaften sowie die Garantie der Rechtseinrichtungen „Vereine" und „Gesellschaften"[142]. Von einer Rechtseinrichtungsgarantie des bezeichneten Sinnes könnte aber nur dann die Rede sein, wenn der einfache Gesetzgeber an einen überkommenen Kernbestand von Normen des Vereins- und Gesellschaftsrechts hätte gebunden werden sollen. Dafür kann aber Art. 9 Abs. 1 GG nichts entnommen werden. Es ist auch kein Anlaß zu einer derartigen Sperre für neues Vereins- und Gesellschaftsrecht zu sehen. Die Lage ist insoweit durchaus anders als etwa im Falle des Eigentumsinstituts. Eine Einrichtungsgarantie ist also in Art. 9 Abs. 1 GG nicht enthalten.

V. Art. 9 Abs. 3 GG

1. Einrichtungsgarantie für die Koalitionen?

Äußerungen von Hueck-Nipperdey[143], E. R. Huber[144] und Scheuner[145] könnten zunächst als Annahme einer Einrichtungsgarantie für die Koalitionen (Art. 9 Abs. 3 GG) im hier erörterten Sinne verstanden werden.

---

[139] Heckel, Privatschulrecht, S. 41.
[140] Abgedruckt bei Heckel, a. a. O., S. 85 ff.
[141] Heckel, a. a. O., S. 41.
[142] Art. 9, Erl. III 2; Vorbem. A VI 3 c) vorl. Abs.
[143] Lehrbuch, S. 108.
[144] Wirtschaftsverwaltungsrecht II, S. 381/382.
[145] Rechtsgutachten, S. 36; vgl. auch S. 39 ebenda.

Bei genauerer Betrachtung ergibt sich jedoch, daß unter „institutioneller und funktioneller Garantie" (Huber, Nipperdey) sowie „institutioneller Freiheitsgarantie" (Scheuner) an den genannten Stellen lediglich Gruppenrechte, nämlich Grundrechte der Koalitionen selbst, verstanden werden[146]. Der Frage, ob Art. 9 Abs. 3 GG eine Einrichtungsgarantie im eigentlichen Sinne enthält, kann dennoch nachgegangen werden; sie ist gelegentlich aufgeworfen worden[147]. Eine Einrichtungsgarantie kann aber schon deshalb nicht gegeben sein, weil die Koalitionen nicht in einer ihnen als Koalitionen eigenen Rechtsgestalt vom Verfassunggeber vorgefunden worden sind; sie haben häufig die Form des nicht rechtsfähigen Vereins und konnten deshalb als solche nicht garantiert werden[148]. Außerdem aber ist die Annahme einer Einrichtungsgarantie überflüssig, weil die einzelne Koalition nahezu unbestrittenermaßen ein verfassungsmäßiges Recht auf Bestand und Betätigung hat[149]. Dieses Gruppenrecht schützt noch wirksamer als eine Einrichtungsgarantie, die lediglich das von dem Verfassunggeber vorgefundene Koalitionssystem in seiner Gesamtheit erfassen und nur den Wesensgehalt dieses Systems abschirmen könnte. Das Gruppenrecht hingegen sichert jeder Koalition unmittelbar Existenz- und Funktionsbereich[150].

2. Einrichtungsgarantie für den Tarifvertrag?

Bei Hueck-Nipperdey findet sich die Auffassung, eine Einrichtungsgarantie erfasse den Tarifvertrag. Den unantastbaren Wesensgehalt des Tarifvertrages stelle das Unabdingbarkeitsprinzip dar[151]. An anderer

---

[146] Vgl. dazu für *Hueck-Nipperdey* noch Lehrbuch, S. 105 ff; für *Scheuner* a. a. O., S. 38, 39, 43, 85; die Ausführungen S. 39 weisen allerdings schon über das Gruppenrecht hinaus in Richtung auf eine Gewährleistung von etwas Objektivem.

[147] Bejahend anscheinend *Maunz-Dürig*, Art. 1 Abs. 3, Rdnr. 98 Anm. 3 S. 47. Verneinend: Dietz, GR III/1, S. 459; vgl. auch *von Mangoldt-Klein*, Art. 9, Erl. V 4. Unentschieden: *Rüthers*, Streik, S. 33 f. (mindestens sei ein gesellschaftlicher Sachverhalt gewährleistet).

[148] Vgl. *Rüthers*, a. a. O., S. 34.

[149] *von Mangoldt-Klein*, Art. 9, Erl. V 3; Dietz, GR III/1, S. 459; *Rüthers*, a. a. O., S. 36 (Daseinsrecht); *Hueck-Nipperdey*, Lehrbuch, S. 108; *Scheuner*, Rechtsgutachten, besonders S. 85, 43, 52. Anders *Wernicke*, BK, Art. 9, Erl. II 3 d): das Grundrecht bestehe nur für die einzelnen Individuen.

[150] *Rüthers* kann also nicht gefolgt werden, wenn er (Streik, besonders S. 36) Einrichtungsgarantie für die und Gruppengrundrecht der Koalition nebeneinander annimmt. Unklar *von Mangoldt-Klein*, Art. 9, Erl. V 4, wenn sie nach Bejahung des korporativen Daseins- und Betätigungsrechtes der Berufsverbände (Erl. V 3) ausführen, keinesfalls enthalte Abs. 3 von Art. 9 eine irgendwie geartete institutionelle Gewährleistung der einzelnen Koalition als solcher. Eine Einrichtungsgarantie kann nur das Koalitionssystem insgesamt betreffen; für die Einzelkoalition kommt ein — von *Klein* bejahtes — Gruppenrecht in Betracht.

[151] *Hueck-Nipperdey*, Lehrbuch, S. 173/174 (Institutsgarantie).

Stelle sieht Nipperdey in dem Bekenntnis der Bundesrepublik zum freiheitlich-sozialen Rechtsstaat die institutionelle verfassungsmäßige Gewährleistung der Institute des kollektiven Arbeitsrechts, die bereits zur sozialen Wirklichkeit geworden seien und allseitige Billigung erfahren hätten, mitenthalten. Das gelte, meint er unter anderem, für den Tarifvertrag[152]. Die Beschränkung des Wesensgehaltsschutzes auf lediglich *eine* Regel, *ein* Prinzip, steht aber in Widerspruch zu der Struktur der Einrichtungsgarantien im übrigen; dort sind nicht nur die Einrichtungen insgesamt, sondern auch der jeweilige unantastbare Kernbereich Vorschriftenkomplexe. Man wird also keine Einrichtungsgarantie — des Tarifvertrages — in dem hier vertretenen Sinne annehmen können.

Für diesen Bereich ist vielmehr dem Bundesverfassungsgericht zu folgen, das dargelegt hat, der Gesetzgeber sei in der Gestaltung des Tarifsystems dadurch beschränkt, daß mit dem Grundrecht der Koalitionsfreiheit zugleich die Institution eines gesetzlich geregelten und geschützten Tarifvertragssystems verfassungsrechtlich gewährleistet sei, dessen Partner frei gebildete Vereinigungen im Sinne von Art. 9 Abs. 3 GG sein müßten[153]. Hiermit hat das Bundesverfassungsgericht keine Einrichtungsgarantie annehmen, sondern eher eine Art von Grundsatznorm oder Wertentscheidung zugunsten eines Tarifvertragssystems bestimmter Art kennzeichnen wollen, wie die Formulierungen bezeugen[154].

VI. Art. 10 GG

Gegen Widerspruch von von Mangoldt-Klein[155] und Oehler[156] vertritt Maunz die Ansicht, aus Art. 10 GG ergebe sich eine institutionelle Garantie oder Institutsgarantie des Brief-, Post- und Fernmeldegeheimnisses[157]. Dieses Geheimnis ist jedoch kein Normenkomplex, sondern als Teil der Freiheitssphäre des einzelnen strukturell negativ. Normenkomplexe bestimmen hier lediglich, wann und inwieweit in den geschützten Bereich eingegriffen werden darf (vgl. etwa §§ 99 ff. StPO). Eine Einrichtungsgarantie kommt hier also nicht in Betracht.

---

[152] *Hueck-Nipperdey*, a. a. O., S. 37.

[153] BVerfGE 4, 96 (108; auch Leitsatz 3 S. 96/97).

[154] Werner *Weber*, Rechtsgutachten, S. 12, will offensichtlich dem BVerfG-Urteil folgen, obwohl er von „Einrichtungsgarantie" spricht. S. aber auch *Dahm*, Deutsches Recht, S. 384.

[155] Art. 10, Erl. II 4.

[156] GR II, S. 606 Anm. 3; vgl. auch S. 609 Anm. 12.

[157] Staatsrecht, S. 91.

E. Abgrenzung anderer Verfassungsbestimmungen

VII. Art. 12 Abs. 1 GG

1. Einrichtungsgarantie für die Freiheit der Berufsausübung?

Lerche hat im Hinblick auf Art. 12 GG von der institutionellen Garantie eines Kerns freier Berufsausübung gesprochen, der dem Prägungsrecht des Art. 12 Abs. 1 S. 2 Grenzen setzen könnte[158]. Von Mangoldt-Klein meinen demgegenüber, Art. 12 Abs. 1 enthalte nur die Gewährleistung des subjektiv-öffentlichen Rechtes der Freiheit des Berufs, nicht außerdem noch eine denknotwendig zugehörige Einrichtungsgarantie[159]. Tatsächlich besteht zwischen den genannten Autoren aber kein Gegensatz der Ansichten. Lerche meint mit institutioneller Garantie hier nämlich entsprechend der von ihm zu Art. 19 Abs. 2 GG entwickelten Theorie den Wesensgehalt eines Grundrechts[160]. Eine Einrichtungsgarantie im eigentlichen Sinne wird hinsichtlich der Berufsfreiheit auch von ihm — mit Recht — nicht aus Art. 12 Abs. 1 GG hergeleitet.

2. Einrichtungsgarantie für die Wettbewerbswirtschaft?

Thieme hat im Hinblick auf Art. 12 Abs. 1 GG von einer institutionellen Garantie der Wettbewerbswirtschaft gesprochen[161]. Es ist jedoch ohne weiteres einsichtig, daß es sich bei der Wettbewerbswirtschaft nicht um einen — von dem Verfassunggeber vorgefundenen — Komplex von Rechtsregeln handelt, sondern eher um einen gesellschaftlichen Sachverhalt im Sinne Kleins, für den allerdings zahlreiche Rechtsvorschriften gelten, der aber seinerseits einen geeigneten Gegenstand für eine Einrichtungsgarantie nicht darstellen kann.

VIII. Art. 15 GG

Koellreutter hat Art. 15 GG eine „Institutionsgarantie" der Sozialisierung entnommen[162]. Eine Einrichtungsgarantie im hier dargelegten Sinne kann dieser Verfassungsartikel aber schon deshalb nicht enthalten, weil er nicht an Vorgefundenes anknüpfen, sondern neue Möglichkeiten schaffen wollte. Es geht ihm nicht um ein Bewahren, sondern um eine neue Regelung.

---

[158] Übermaß, S. 109.
[159] *von Mangoldt-Klein*, Art. 19, Erl. III 1 d).
[160] Vgl. Übermaß, S. 109 Anm. 45, vor allem dort die Bemerkung, grundrechtlichen Charakter gewinne die Normierung (gemeint: des Art. 12 Abs. 1 S. 2 GG) erst durch die Annahme der Garantie eines Kerns freier Berufsausübung.
[161] JZ 1961, 281.
[162] Staatsrecht, S. 62.

84 Abschnitt III: Gemeinsame Merkmale der Verfassungsbestimmungen

IX. Art. 19 Abs. 4 GG

Maunz-Dürig[163] und Bachof[164] sind der Meinung, Art. 19 Abs. 4 GG enthalte die institutionelle Garantie irgendeiner Gerichtsbarkeit, die zur Entscheidung über die Rechtmäßigkeit von Maßnahmen der öffentlichen Gewalt gegenüber dem einzelnen berufen sei. Die fragliche Bestimmung betrifft aber keine überkommene Einrichtung, etwa eine bestimmte Gerichtsbarkeit, sondern legt einen neuen Grundsatz fest. Damit fehlt es an der Möglichkeit, hier von einer Einrichtungsgarantie zu sprechen.

X. Art. 20 Abs. 1 GG

Nipperdey hat dargelegt[165], in dem Bekenntnis der Bundesrepublik zum freiheitlich-sozialen Rechtsstaat sei die institutionelle verfassungsmäßige Gewährleistung der Institute des kollektiven Arbeitsrechts, die bereits zur sozialen Wirklichkeit geworden seien und allgemeine Billigung erfahren hätten, mitenthalten. Das gelte für den Tarifvertrag, das freiwillige, nur in ganz besonderen Notfällen durch staatlichen Zwang durchbrochene Schlichtungswesen, für den legitimen Arbeitskampf um die Arbeitsbedingungen und für das Mitwirkungs- und Mitbestimmungsrecht in sozialen und personellen Angelegenheiten. Wenn auch die rechtliche Ausgestaltung dieser Institute im einzelnen dem Gesetzgeber obliege, dürfe er sie doch nicht beseitigen oder in ihrem Wesensgehalt antasten. Art. 20 Abs. 1 GG richtet sich mit der „Staatszielbestimmung"[166] der Sozialstaatsklausel aber, soweit er überhaupt Vorhandenes bewahren will, auf die überkommenen sozialstaatlichen Elemente in ihrer Gesamtheit und nur mittelbar auf einzelne der in Betracht kommenden rechtlichen und tatsächlichen Gegebenheiten[167]. Deshalb ist für die Annahme einer oder mehrerer Einrichtungsgarantien kein Platz.

XI. Art. 21 Abs. 1 S. 1 GG

Auch aus Art. 21 Abs. 1 S. 1 GG ist häufig eine Einrichtungsgarantie hergeleitet worden, die die betreffenden Autoren entweder auf die Parteien oder auf deren Mitwirkung bei der politischen Willensbildung

---

[163] Art. 19 Abs. 4, Rdnr. 3.
[164] ZZP Bd. 65 (1952), S. 12.
[165] *Hueck-Nipperdey*, Lehrbuch, S. 37.
[166] So etwa *Ballerstedt*, GR III/1, S. 51.
[167] Vgl. auch die Formulierung bei *Lerche*, Übermaß, S. 231, Art. 20 Abs. 1 GG enthalte die institutionelle Garantie eines Mindestmaßes gewisser vorhandener sozialer Institutionen.

E. Abgrenzung anderer Verfassungsbestimmungen 85

oder auf das Mehrparteiensystem bezogen haben[168]. Die einzelne Partei hat aber — neben den Grundrechten, auf die sie sich berufen kann — ein subjektives Recht aus Art. 21 Abs. 1 S. 1 GG, das im verfassungsgerichtlichen Organstreit durchgesetzt werden kann[169]. Diese Rechtsstellung macht genauso wie im Falle der Koalitionen die Annahme einer Einrichtungsgarantie überflüssig. Die Garantie, die nur die Parteien insgesamt schützen, nämlich den Wesensgehalt des Mehrparteiensystems abschirmen könnte, würde an Wirkung hinter der verfassungskräftigen subjektiven Rechtsposition zurückbleiben. Eine Einrichtungsgarantie ist also in Art. 21 GG nicht enthalten.

XII. Art. 36 GG

Maunz-Dürig führen zu Art. 36 GG aus, Abs. 1 und 2 seien wohl institutionelle Garantien des föderalistischen Aufbaues der zivilen Bundesverwaltung und der Bundeswehr[170]. Bundeswehr und Bundesverwaltung sind aber erst nach dem Inkrafttreten des Grundgesetzes entstanden. Deshalb konnten sie nicht als vorgefunden durch Einrichrungsgarantien gewährleistet werden.

XIII. Art. 101 Abs. 1 GG

Gelegentlich sind der gesetzliche Richter oder das Verbot von Ausnahmegerichten (Art. 101 Abs. 1 GG) als Gegenstand einer Einrichtungsgarantie genannt worden[171]. Läge aber insoweit tatsächlich eine Einrichtungsgarantie in dem hier vertretenen Sinne vor, würde das bedeuten, daß die gesamten von der Verfassung vorgefundenen gesetzlichen Regelungen über Richter-Zuständigkeiten garantiert und in ihrem Wesensgehalt unverletzlich wären. Das kann nicht zutreffen. Art. 101 Abs. 1 GG enthält aber neben dem verfassungsmäßigen Recht des ein-

---

[168] *von Mangoldt-Klein*, Vorbem. A VI 3 c); Art. 21, Erl. II 4 vor a) (Einrichtungsgarantie hinsichtlich des gesellschaftlichen Sachverhaltes „politische Parteien" in Verbindung mit der entsprechenden, durch Gewohnheitsrecht gebildeten Einrichtung); *Schlochauer*, Öffentliches Recht, S. 47; *von der Heydte*, GR II, S. 481; *Scheuner*, Recht-Staat-Wirtschaft, Bd. 4, S. 93 — mit gewisser, aber unklarer Einschränkung S. 102 —; Rechtsgutachten, S. 73; *Sasse*, AöR Bd. 85 (1960), S. 448 (institutionelle Garantie der [politischen] Parteien); *Wernicke*, BK, Art. 21, Erl. II 1 b) β) (institutionelle Garantie der „Mitwirkung" als solcher); *von der Heydte*, GR II, S. 472 (institutionelle Garantie des Mehrparteiensystems).
[169] Vgl. dazu *Maunz-Dürig*, Art. 21, Rdnr. 92 — mit Nachweisen —.
[170] Art. 36, Rdnr. 10.
[171] *Bettermann*, GR III/2, S. 557: Für den Richter enthalte Art. 101 Abs. 1 S. 2 GG eine institutionelle Garantie und ein Gerichtsverfassungsprinzip; *Maunz*, Staatsrecht, S. 91: Eine institutionelle Garantie oder Institutsgarantie erfasse den gesetzlichen Richter; *Dahm*, Deutsches Recht, S. 294; *Schlochauer*, Öffentliches Recht, S. 48: Zu den institutionellen Garantien der Rechtsprechung gehöre auch das Verbot von Ausnahmegerichten.

zelnen auf seinen gesetzlichen Richter noch ein entsprechendes Gerichtsverfassungsprinzip[172].

XIV. Art. 114 Abs. 2 S. 1 GG

Von verschiedenen Autoren ist mit wechselnden Formulierungen die Ansicht vertreten worden, Art. 114 Abs. 2 S. 1 GG enthalte eine Einrichtungsgarantie[173]. Das kann aber deshalb nicht richtig sein, weil der am genannten Ort behandelte Bundesrechnungshof nach Inkrafttreten der Verfassung erst noch geschaffen werden mußte. Die Verfassung konnte nicht an Gegebenes anknüpfen, wie es der Einrichtungsgarantie eigentümlich ist. Daß der fragliche Verfassungssatz heute nach Errichtung des Bundesrechnungshofes institutionserhaltend wirkt, ändert nichts daran, daß er von einer Einrichtungsgarantie begrifflich scharf geschieden werden muß.

XV. Art. 140 GG, 139 WRV

Mehrere Autoren haben den Art. 140 GG, 139 WRV eine Einrichtungsgarantie abgewonnen[174]. Man wird die Frage, ob dem zugestimmt werden kann, für den Sonntag und die staatlichen Feiertage getrennt betrachten müssen. Hinsichtlich des Sonntags kann überhaupt nur eine Status-quo-Garantie in Frage kommen. Aber auch eine Garantie einer Anzahl staatlicher Feiertage in ihrer Gesamtheit kann nicht angenommen werden, da in diesem Fall der Wesensgehalt der gesicherten Einrichtung schlechterdings nicht zu bestimmen wäre. Für Einrichtungsgarantien ist in diesem Bereich offensichtlich kein Raum.

F. Zur Terminologie

Die vorliegende Arbeit hat entsprechend der herrschenden Ausdrucksweise die Begriffe „institutionelle Garantie" und „Institutsgarantie" verwandt und als Oberbegriff den Ausdruck „Einrichtungsgarantie" gebraucht. Es bestehen keine Bedenken, die Verdeutschung „Einrichtungs-

---

[172] Vgl. *Bettermann*, a. a. O.

[173] *Maunz-Dürig*, Art. 114, Rdnr. 9: Institutionelle Verfassungsgarantie des Rechnungshofs, der Rechnungsprüfung und der Unabhängigkeit der Mitglieder; Werner *Weber*, ÖffHaush. 1954, 36: Institutionelle Verfassungsgarantie der obersten Prüfungsbehörde; E. R. *Huber*, Festschrift für Nikisch, S. 339, 340: Institutionelle Garantie der Gleichstellung der Rechnungshöfe mit den Gerichten und damit des Gesetzmäßigkeitsprinzips, institutionelle Verfassungsgarantie der Unabhängigkeit der Rechnungshöfe.

[174] *Maunz*, Staatsrecht, S. 91 (institutionelle Garantie oder Institutsgarantie hinsichtlich des Schutzes des Sonntags und der staatlichen Feiertage); *Dirksen*, Feiertagsrecht, S. 26, 28; *Feller*, Recht der Sonn- und Feiertage, S. 177, 184; klarer Widerspruch dazu auf S. 178 f., 180 (institutionelle Garantie).

F. Zur Terminologie

garantie" in der erwähnten Weise zu benutzen; ein anderer beiden Untergruppen Rechnung tragender Ausdruck ist nicht zu finden. Im übrigen aber ist die gängige Bezeichnungsweise der Verbesserung bedürftig.

Sprachlich ungenau ist es zunächst, von „institutioneller Garantie" zu reden. Der Begriff soll bestimmte verfassungsrechtliche Gewährleistungen nach der Art ihres Gegenstandes kennzeichnen. Das tritt bei „Institutsgarantie" heraus, während das attributive „institutionell" strenggenommen nur etwas über die Art der Gewährleistung aussagen kann. Es sollte deshalb besser von „Institutionsgarantie" gesprochen werden[175].

Aber auch die Bezeichnung „Institutsgarantie" kann noch treffender gefaßt werden. Hier empfiehlt sich der Ausdruck „Rechtsinstitutsgarantie"[176]. Wird dieser Ausdruck gebraucht, tritt damit ein diese Garantiegruppe von den institutionellen Garantien (Institutsgarantien) sonderndes Merkmal, das oben eingehend behandelt worden ist, hervor: die Rechtsinstitutsgarantie gewährleistet Nur-Rechtliches, reine Vorschriftenkomplexe, während die Institutionsgarantie zwar im Recht verankerten, aber auch in der Wirklichkeit funktionierenden objektiven Elementen gilt.

Es sollte also nur noch von Institutionsgarantien und Rechtsinstitutsgarantien, zusammengefaßt als Einrichtungsgarantien, gesprochen werden. Daß die vorliegende Arbeit dies noch unterlassen hat, ist darin begründet, daß sie nicht von vornherein mit neuartiger Terminologie Verwirrung stiften wollte. Außerdem ist die Ausdruckweise von durchaus sekundärer Bedeutung. Eine sie betreffende Erörterung konnte auch aus diesem Grunde an das Ende der Darlegungen als Empfehlung für Schrifttum und Rechtsprechung gerückt werden.

---

[175] Vgl. *Bruns*, Prinzip, S. 11 mit Anm. 46.
[176] S. *Klein*, Garantien, S. 104 mit Anm. 23.

Zusammenfassung

Die Arbeit hat schon zu Anfang die Lehre von den Einrichtungsgarantien in der Verfassung auf das zurückzuführen gesucht, was sie wirklich leisten kann — entgegen gewissen Tendenzen gerade auch im Zusammenhang mit ihrem Ursprung. Hier ist die Lehre verstanden als Sammlung von eine Gruppe zusammengehöriger Verfassungsbestimmungen bestimmten Charakters betreffenden Auslegungsergebnissen, als die Darstellung des „Allgemeinen Teils" dieser Bestimmungen. Mit dieser dennoch fruchtbaren Beschränkung ist bewußt von einem Versuch in Richtung auf eine allgemeine verfassungsrechtliche Institutionslehre abgesehen worden.

Unter Berücksichtigung der Ergebnisse der Weimarer Lehre ließ sich eine Gruppe von gemeinsame Merkmale tragenden, insbesondere Gegenständen objektiver Art geltenden Bestimmungen des Grundgesetzes zusammenstellen, deren Kennzeichen ermittelt werden sollten. Die weitere Unterteilung dieser Gruppe in Institutsgarantien und institutionelle Garantien entsprechend der herrschenden Lehre wurde als zulässig erkannt. Insbesondere garantiert das Grundgesetz entgegen einer neuen Lehre Friedrich Kleins nur Rechtseinrichtungen, nicht auch gesellschaftliche Sachverhalte; gegen die Ansicht Kleins spricht, daß eine eigentliche Garantie gesellschaftlicher Gegebenheiten gegenüber dem Gesetzgeber gar nicht möglich ist, daß eine derartige Gewährleistung den Gesetzgeber zu unerwünschter Ausgestaltung dieser Sachverhalte entsprechend dem bei Rechtseinrichtungen Gängigen herausfordern könnte und daß dort, wo mit den angeblichen Garantien von Lebenssachverhalten auch Grundrechte in der Verfassung gewährleistet sind, letztere hinreichend Schutz gewähren. Im übrigen ist aber im Felde der Einrichtungsgarantien die Untergruppe Institutsgarantien als fortbestehend anzunehmen: sie kann vor allem nicht mit dem Hinweis darauf für hinfällig erklärt werden, die mit sämtlichen der fraglichen Institute verbundenen Grundrechte unterfielen ja der Wesensgehaltsgarantie von Art. 19 Abs. 2 GG — das genüge. Die Wesensgehaltsgarantie ist im Verhältnis zu Institutsgarantien und institutionellen Garantien (soweit man sie auf letztere überhaupt beziehen will) nur deklaratorisch: sie gewährt nicht mehr Schutz, als die Garantiegegenstände durch die Setzung der betreffenden Verfassungsbestimmungen bereits unmittelbar erhalten haben.

Zusammenfassung

Es ergaben sich als zu untersuchende Verfassungsbestimmungen die institutionellen Garantien in Art. 5 Abs. 3 S. 1, 7 Abs. 1, Abs. 3 S. 1, 28 Abs. 2, 33 Abs. 4 und 5, 92 in Verbindung mit 97 sowie Art. 140 GG/137 Abs. 5 S. 1 WRV, ferner die Institutsgarantien in Art. 6 Abs. 1 und 14 Abs. 1 S. 1 GG. Der Unterschied zwischen den Gruppen ist dreifach: die institutionellen Garantien sichern Objekte öffentlich-rechtlicher, die Institutsgarantien solche privatrechtlicher Art, die Institutsgarantien sind mit Grundrechtsverbürgungen verbunden, die institutionellen Garantien nicht — mit einer begrenzten Ausnahme für die Garantie der Hochschulselbstverwaltung (Art. 5 Abs. 3 S. 1) —, die garantierten Institutionen sind auch außerrechtliche Erscheinungen und funktionieren in der Wirklichkeit, die Institute sind nicht mehr als Rechtseinrichtungen.

Die institutionellen Garantien lassen sich noch weiter unterteilen in Gewährleistungen von rechtsfähigen Korporationen — Art. 5 Abs. 3 S. 1, 28 Abs. 2, 140 GG/137 Abs. 5 S. 1 WRV — und verselbständigten Formen der Staatsorganisation — alle übrigen institutionellen Garantien —.

Die institutionellen Garantien im besonderen gelten Komplexen von Rechtsregeln (öffentlich-rechtlicher Art) und dem auf dieser Grundlage sich abspielenden Funktionieren und Wirken; garantiert sind rechtlich fundierte Ordnungskräfte. Negativ ist die Institution (ebenso wie das Institut) gegen die Freiheit im Sinne der Freiheitsrechte abzugrenzen: die Freiheit kann nicht zur Institution (oder zum Institut) werden, ohne ihre Qualität zu verlieren; sie ist von der Einrichtung im Sinne der Lehre von den Einrichtungsgarantien als grundsätzlich negativ strukturverschieden und außerdem, soweit Menschenrechte in Rede stehen, auch älter als Institution und Institut und dem Staate, der die Einrichtungen schafft, vorgegeben. Dieser Unterschied darf nicht durch ungenaue Terminologie verschwinden, weil das einem Abbau von Freiheitsrechten den Weg bahnen könnte. Die Institution im Sinne der Lehre von den Einrichtungsgarantien ist weiter vor der Verfassung gegeben; das Vorgefundene zu erhalten, ist demnach die alleinige Funktion der betreffenden Vorschriften.

Garantiert sind die Institutionen gegen Gesetzgebung in weiterem Sinne und Regierung sowie Verwaltung. Geschützt ist jeweils ein Kernbereich der Institution, und zwar mit absoluter Wirkung: das, was die Identität der garantierten Institution ausmacht, muß erhalten bleiben. Dagegen entfalten diese Garantien keine, wie immer geartete, relative Schutzwirkung. Sie wirken auch nicht programmatisch.

Positiv kann die institutionelle Garantie, jedenfalls was die hier angezogenen Bestimmungen anbelangt, demnach etwa folgendermaßen bestimmt werden: Institutionelle Garantien sind verfassungsrechtliche Gewährleistungen von dem Verfassunggeber vorgefundener stabiler Ordnungselemente, nämlich in der Wirklichkeit funktionierender, in öffentlich-rechtlichen Normen gegründeter Zusammenhänge mit der Wirkung, daß die garantierte Institution nur im Wege der Verfassungsänderung (Art. 79 GG) abgeschafft oder in ihrem Wesenskern angetastet und im übrigen weder durch die Legislative noch durch die Exekutive beseitigt oder ausgehöhlt werden darf.

Der Gegenstand der Institutsgarantie ist im Gegensatz zu dem der institutionellen Garantie nur rechtlicher Art. Wie die Institution ist das Institut streng von der Freiheit im Sinne der Freiheitsrechte zu scheiden.

Der Garantieschutz richtet sich hier nur gegen die Gesetzgebung. Er schirmt einen Institutskern, das nämlich, was das Wesen des Instituts ausmacht, absolut ab.

Die Institutsgarantie kann folglich etwa so bestimmt werden: Institutsgarantien sind verfassungsrechtliche Gewährleistungen von dem Verfassunggeber vorgefundener Komplexe privatrechtlicher Vorschriften mit der Wirkung, daß das garantierte Institut nur im Wege der Verfassungsänderung (Art. 79 GG) durch den Gesetzgeber abgeschafft oder in seinem Wesenskern angetastet werden darf.

Beide Garantiearten stehen in Beziehung zu subjektiven Rechten. Im Rahmen der institutionellen Garantie sind nicht nur Objektives festlegende Bestimmungen, sondern auch solche gewährleistet, aus denen sich subjektive Rechte, und zwar des öffentlichen Rechts, ergeben; im Rahmen der Institutsgarantie sind auch Bestimmungen gewährleistet, die subjektive Rechte, und zwar privatrechtlicher Art, verbürgen. Außerdem sind mit den Institutsgarantien Garantien subjektiver öffentlicher Rechte in Form von Grundrechten verbunden. Die neben einer Garantie verbürgten Rechtspositionen genießen höheren Schutz als die innerhalb der Garantie gewährleisteten. Letztere sind nur soweit unantastbar, als die Bestimmungen, aus welchen sie folgen, zum unverletzlichen Wesenskern der garantierten Einrichtung gehören.

Schließlich wurde in der Arbeit vor allem noch davor gewarnt, in übertriebener Weise für die Gewinnung eines Wertsystems der Verfassung gerade bei den Einrichtungsgarantien anzusetzen. Auf diese Weise könnten die Garantien in eine den Verbürgungen von Freiheitsrechten gegenüber unangebracht hervorgehobene Position einrücken. Zur Terminologie wurde vorgeschlagen, in Zukunft von Institutionsgarantien und Rechtsinstitutsgarantien zu sprechen.

Insgesamt hat die Arbeit eine vergleichsweise konservative Position bezogen. Zahlreiche Neuentwicklungen im Bereich der zur Erörterung stehenden Lehre wurden als nicht billigenswert erkannt. Damit ist aber zugleich die Bedeutung der Gedankengänge Carl Schmitts, des Begründers der Lehre, festgestellt: die Lehre von den Einrichtungsgarantien gilt im wesentlichen fort wie er sie, gelegentlich nur in Andeutungen, geformt hat. Auch sein Schweigen kann insofern die Bedeutung einer Stellungnahme gewinnen, etwa zur Frage der Garantie gesellschaftlicher Sachverhalte, und muß nicht so gedeutet werden, als habe er bestimmte Möglichkeiten nicht gesehen.

Literaturverzeichnis

Abraham: Erläuterungen zu Art. 14 GG, in: BK.

Anschütz, Gerhard: Die Verfassung des Deutschen Reichs vom 11. August 1919, 14. Aufl., Berlin 1933 (unveränderter Nachdruck 1960).

Bachof, Otto: Verfassungswidrige Verfassungnormen? Tübingen 1951 (Recht und Staat in Geschichte und Gegenwart 163/164) (zitiert: Verfassungsnormen).

— Justiz und Verwaltungsgerichtsbarkeit, in: ZZP Bd. 65 (1952), S. 1 ff.

— Freiheit des Berufs, in: GR III/1, S. 155 ff.

Ballerstedt, Kurt: Wirtschaftsverfassungsrecht, in: GR III/1, S. 1 ff.

Becker, Erich: Die Selbstverwaltung als verfassungsrechtliche Grundlage der kommunalen Ordnung in Bund und Ländern, in: HdBkWPr. I, S. 113 ff.

— Kommunale Selbstverwaltung, in: GR IV/2, S. 673 ff.

Bettermann, Karl August: Die Unabhängigkeit der Gerichte und der gesetzliche Richter, in: GR III/2, S. 523 ff.

— Rundfunkfreiheit und Rundfunkorganisation. Kritische Bemerkungen zum Fernsehurteil des Bundesverfassungsgerichts, in: DVBl. 1963, 41 ff.

Boehmer, Gustav: Artikel 154. Erbrecht, in: Nipp. III, S. 250 ff.

— Erbrecht, in: GR II, S. 401 ff.

Bruns, Herbert: Das Prinzip verfassungsrechtlicher Sicherung der Beamtenrechte. Köln 1955 (zitiert: Prinzip).

Dahm, Georg: Deutsches Recht, 2. Aufl., Stuttgart 1963.

Dennewitz, Bodo: Die institutionelle Garantie (Jenaer Diss.). Berlin 1932 (zitiert: Garantie).

Dietz, Rolf: Die Koalitionsfreiheit, in: GR III/1, S. 417 ff.

Dirksen, Gebhard: Das Feiertagsrecht (Göttinger Rechtswissenschaftliche Studien Bd. 39). Göttingen 1961 (zitiert: Feiertagsrecht).

Dürig, Günter: Das Eigentum als Menschenrecht, in: ZgesStW Bd. 109 (1953), S. 326 ff.

Enneccerus-Nipperdey: Allgemeiner Teil des Bürgerlichen Rechts, 15. Aufl., 1. Hlbd., Tübingen 1959 (zitiert: Allgemeiner Teil).

Feller, Hans: Das kirchliche und staatliche Recht der Sonn- und Feiertage in der Bundesrepublik, seine Geschichte und seine Gegenwartsproblematik. Diss. Marburg 1952 (zitiert: Recht der Sonn- und Feiertage).

Forsthoff, Ernst: Begriff und Wesen des sozialen Rechtsstaats, in: VVDStRL 12 (1954), 8 ff.

— Lehrbuch des Verwaltungsrechts, 1. Bd., Allgemeiner Teil, 8. Aufl., München und Berlin 1961 (zitiert: Lehrbuch).

Füßlein, Rudolf Werner: Vereins- und Versammlungsfreiheit, in: GR II, S. 425 ff.

Geiger, Willi: Art. Grundrechte, in: Staatslexikon, hrsg. von der Görres-Gesellschaft, 6. Aufl., 3. Bd. Freiburg 1959, Sp. 1122 ff.

— Die Grundrechte in der Privatrechtsordnung (Schriftenreihe der Hochschule Speyer 9). Stuttgart 1960.

Gerber, Hans: Entwicklung und Reform des Beamtenrechts, in: VVDStRL 7 (1932), 2 ff.

Giese, Friedrich: Die Verfassung des Deutschen Reiches vom 11. August 1919. Berlin 1919.

— Die Verfassung des Deutschen Reiches, 8. Aufl., Berlin 1931.

— Rezension von Forsthoff: Die öffentliche Körperschaft im Bundesstaat, in: ZgesStW Bd. 93 (1932), S. 345 ff.

— Religionsunterricht als Pflichtfach der deutschen Berufsschulen. Berlin 1933 (zitiert: Religionsunterricht).

— Grundgesetz für die Bundesrepublik Deutschland vom 23. Mai 1949, 4. Aufl., Frankfurt a. M. 1955 (zitiert: Grundgesetz).

Giese-Schunck: Grundgesetz für die Bundesrepublik Deutschland vom 23. Mai 1949, 5. Aufl., Frankfurt/Main 1960.

— Grundgesetz für die Bundesrepublik Deutschland vom 23. Mai 1949, 6. Aufl., Frankfurt/Main 1962.

Haas, Diether: System der öffentlich-rechtlichen Entschädigungspflichten. Karlsruhe 1955 (zitiert: System).

Häberle, Peter: Die Wesensgehaltsgarantie des Art. 19 Abs. 2 Grundgesetz. Zugleich ein Beitrag zum institutionellen Verständnis der Grundrechte und zur Lehre vom Gesetzesvorbehalt (Freiburger Rechts- und Staatswissenschaftliche Abhandlungen Bd. 21). Karlsruhe 1962 (zitiert: Wesensgehaltsgarantie).

Hamann, Andreas: Das Grundgesetz für die Bundesrepublik Deutschland vom 23. Mai 1949. Berlin—Neuwied—Darmstadt 1956.

— Das Grundgesetz für die Bundesrepublik Deutschland vom 23. Mai 1949, 2. Aufl., Neuwied—Berlin 1960.

Hamel, Walter: Die Bedeutung der Grundrechte im sozialen Rechtsstaat. Eine Kritik an Gesetzgebung und Rechtsprechung. Berlin 1957 (zitiert: Bedeutung).

Hatscheck-Kurtzig: Lehrbuch des deutschen und preußischen Verwaltungsrechts, 7./8. Aufl. mit Nachtrag, Leipzig 1931/1932 (zitiert: Lehrbuch).

Heckel, Hans: Umfang und Grenzen der Schulaufsicht, in: DÖV 1952, 617 ff.

— Deutsches Privatschulrecht. Berlin—Köln 1955 (zitiert: Privatschulrecht).

Freiherr von der Heydte, Friedrich August: Freiheit der Parteien, in: GR II, S. 457 ff.

Huber, Ernst Rudolf: Bedeutungswandel der Grundrechte, in: AöR NF Bd. 23 (1933), S. 1 ff.

— Rezension von Dennewitz: Die institutionelle Garantie, in: AöR NF Bd. 23 (1933), S. 377 f.

— Verfassung. Hamburg 1937.

— Verfassungsrecht des Großdeutschen Reiches, 2. Aufl., Hamburg 1939 (zitiert: Verfassungsrecht).

— Wirtschaftsverwaltungsrecht, 2. Aufl., 1. Bd. 1953, 2. Bd. 1954, Tübingen.

— Selbstverwaltung der Wirtschaft, Stuttgart 1958 (zitiert: Selbstverwaltung).

— Die institutionelle Verfassungsgarantie der Rechnungsprüfung, in: Festschrift für Arthur Nikisch, Tübingen 1958, S. 331 ff. (zitiert: Festschrift für Nikisch).

Hueck-Nipperdey: Lehrbuch des Arbeitsrechts, 6. Aufl., 2. Bd.: Kollektives Arbeitsrecht (Nipperdey). Berlin und Frankfurt a. M. 1957 (zitiert: Lehrbuch).

Ipsen, Hans Peter: Gemeindliche Personalhoheit unter Selbstverwaltungsgarantie, in: DÖV 1955, 225 ff.

Jesch, Dietrich: Rechtsstellung und Rechtsschutz der Gemeinden bei der Wahrnehmung „staatlicher" Aufgaben, in: DÖV 1960, 739 ff.

Keßler: Der Bund und die Kommunalpolitik, in: DVBl. 1953, 1 ff.

Klein, Friedrich: Institutionelle Garantien und Rechtsinstitutsgarantien (Abhandlungen aus dem Staats- und Verwaltungsrecht mit Einschluß des Völkerrechts Heft 49). Breslau 1934 (zitiert: Garantien).

— Grundgesetz und Steuerreformen, in: FA NF Bd. 20 (1959/60), S. 115 ff.

Koellreutter, Otto: Rezension von Schmitt: Freiheitsrechte und institutionelle Garantien der Reichsverfassung, in: AöR NF Bd. 22 (1932), S. 110 ff.

— Deutsches Staatsrecht. Stuttgart und Köln 1953 (zitiert: Staatsrecht).

Köttgen, Arnold: Die Freiheit der Wissenschaft und die Selbstverwaltung der Universität, in: GR II, S. 291 ff.

— Die Gemeinde und der Bundesgesetzgeber (Schriftenreihe des Vereins zur Pflege kommunalwissenschaftlicher Aufgaben Bd. 1). Stuttgart und Köln 1957 (zitiert: Gemeinde).

— Das Grundrecht der deutschen Universität (Göttinger Rechtswissenschaftliche Studien Bd. 26). Göttingen 1959 (zitiert: Grundrecht).

Krüger, Herbert: Die Einschränkung von Grundrechten nach dem Grundgesetz, in: DVBl. 1950, 625 ff.

— Grundgesetz und Kartellgesetzgebung. Göttingen 1950 (zitiert: Kartellgesetzgebung).

— Verfassungsauslegung aus dem Willen des Verfassunggebers, in: DVBl. 1961, 685 ff.

Lassar, Gerhard: Hoheitsfunktion und Dienstverhältnis preußischer Kommunalangestellter in ihren gegenseitigen Beziehungen. Rechtsgutachten, o. O. 1931 (zitiert: Hoheitsfunktion).

Leisner, Walter: Grundrechte und Privatrecht (Münchener öffentlich-rechtliche Abhandlungen Heft 1). München 1960 (zitiert: Grundrechte).

Lerche, Peter: Grundrechtsbegrenzungen „durch Gesetz" im Wandel des Verfassungsbildes, in: DVBl. 1958, 524 ff.

— Grundrechte der Soldaten, in: GR IV/1, S. 447 ff.

— Stil, Methode, Ansicht, in: DVBl. 1961, 690 ff.

— Übermaß und Verfassungsrecht. Zur Bindung des Gesetzgebers an die Grundsätze der Verhältnismäßigkeit und der Erforderlichkeit. Köln-Berlin-München-Bonn 1961 (zitiert: Übermaß).

Loewenstein, Karl: Erscheinungsformen der Verfassungsänderung (Beiträge zum öffentlichen Recht der Gegenwart 2). Tübingen 1931 (zitiert: Verfassungsänderung).

von Lympius-Küchenhoff: Gemeindeverfassungsgesetz und Gemeindefinanzgesetz vom 15. Dezember 1933. Berlin und Leipzig 1934.

von Mangoldt, Hermann: Das Bonner Grundgesetz. Berlin und Frankfurt a. M. 1953.

von Mangoldt-Klein: Das Bonner Grundgesetz. 2. Aufl., Berlin und Frankfurt a. M. 1957 ff. (Bd. 1 1957).

Maunz, Theodor: Urteilsanmerkung, in: VerwRspr. Bd. 4 (1952), S. 210 ff.

— Deutsches Staatsrecht, 12. Aufl., München und Berlin 1963 (zitiert: Staatsrecht).

Maunz-Dürig: Grundgesetz. Kommentar. München und Berlin 1958 ff.

Mayer, Otto: Deutsches Verwaltungsrecht, 3. Aufl., 1. Bd., München und Leipzig 1924 (zitiert: Verwaltungsrecht).

Menzel, Eberhard: Das Ende der institutionellen Garantien, in: AöR NF Bd. 28 (1937), S. 32 ff.

Mikat, Paul: Kirchen und Religionsgemeinschaften, in: GR IV/1, S. 111 ff.

Nawiasky—Leusser: Die Verfassung des Freistaates Bayern vom 2. Dezember 1946. München 1948.

Nebinger, Robert und *Eisenmann—Löffler—Weeber:* Kommentar zur Verfassung für Württemberg-Baden. Stuttgart 1948.

Oehler, Dietrich: Postgeheimnis, in: GR II, S. 605 ff.

Peters, Hans: Elternrecht, Erziehung, Bildung und Schule, in: GR IV/1, S. 369 ff.

Quaritsch, Helmut: Eigentum und Polizei, in: DVBl. 1959, 455 ff.

Reinelt, Manfred Michael: Der Rundfunk in der westdeutschen Verfassungsordnung — Zum Verhältnis von Rundfunk und Staat —. Diss. Göttingen 1959 (zitiert: Rundfunk in der Verfassungsordnung).

Ridder, Helmut: Kirche, Staat, Rundfunk. Grundsatzfragen ihrer Rechtsbeziehungen in der Bundesrepublik Deutschland. (2. Beiheft zu dem Werkbuch Becker — Siegel: Rundfunk und Fernsehen im Blick der Kirche). Frankfurt am Main 1958.

Rüthers, Bernd: Streik und Verfassung. Köln 1960 (zitiert: Streik).

Sasse, Christoph: Die verfassungsrechtliche Problematik von Steuerreformen. Ein Beitrag zur Interpretation der Art. 105 und 106 des Grundgesetzes und zur Frage der verfassungsrechtlichen Bestandsgarantien, in: AöR Bd. 85 (1960), S. 423 ff.

Scheffler, Erna: Ehe und Familie, in: GR IV/1, S. 245 ff.

Schelcher, Walter: Eigentum und Enteignung nach der Reichsverfassung, in: Fischers Ztschr. Bd. 60 (1927), S. 137 ff.

— Gesetzliche Eigentumsbeschränkung und Enteignung, in: AöR NF Bd. 18 (1930), S. 321 ff.

— Die Rechte und Pflichten aus dem Eigentum, in: Nipp. III, S. 196 ff.

Scheuner, Ulrich: Grundfragen des modernen Staates, in: Recht — Staat — Wirtschaft, Bd. 3 (1951), S. 126 ff.
— Die institutionellen Garantien des Grundgesetzes, in: Recht — Staat — Wirtschaft, Bd. 4 (1953), S. 88 ff.
— Grundlagen und Art der Enteignungsentschädigung, in Reinhardt — Scheuner, Verfassungsschutz des Eigentums, Tübingen 1954, S. 63 ff. (zitiert: Scheuner, Verfassungsschutz).
— Der Inhalt der Koalitionsfreiheit, in: Weber — Scheuner — Dietz: Koalitionsfreiheit. Drei Rechtsgutachten. Berlin und Frankfurt a. M. 1961. S. 29 ff. (zitiert: Rechtsgutachten).
Schlochauer, Hans-Jürgen: Öffentliches Recht. Grundzüge des Bundesstaatsrechts und des allgemeinen Verwaltungsrechts in der Bundesrepublik Deutschland unter Berücksichtigung der Verbindung zum Völkerrecht. Karlsruhe 1957.
Schmitt, Carl: Verfassungslehre. München und Leipzig 1928 (unveränderte Neudrucke 1954 und 1957).
— Rezension von Nipperdey: Die Grundrechte und Grundpflichten der Reichsverfassung, Bd. I, in: JW 1931, 1675 ff.
— Wohlerworbene Beamtenrechte und Gehaltskürzungen, in: DJZ 1931, Sp. 917 ff.
— Freiheitsrechte und institutionelle Garantien der Reichsverfassung, in: Rechtswissenschaftliche Beiträge zum 25jährigen Bestehen der Handelshochschule Berlin, Berlin 1931, S. 1 ff. (zitiert: Freiheitsrechte).
— Inhalt und Bedeutung des zweiten Hauptteils der Reichsverfassung, in: HdBDStR II, S. 572 ff.
— Verfassungsrechtliche Aufsätze aus den Jahren 1924—1954. Berlin 1958 (zitiert: Aufsätze).
Schneider, Franz: Presse- und Meinungsfreiheit nach dem Grundgesetz. München 1962 (zitiert: Presse- und Meinungsfreiheit).
Smend, Rudolf: Das Recht der freien Meinungsäußerung, in: VVDStRL 4 (1928), 44 ff.
Spanner, Hans: Grundrechtsprobleme (Besprechung von Bettermann—Nipperdey—Scheuner: Die Grundrechte), in: VerwArch. Bd. 51 (1960), S. 164 ff.
Stern, Klaus: Das Selbstverwaltungsrecht der Gemeinden in der Rechtsprechung des Bundesverwaltungsgerichts, in: JR 1963, 202 ff.
Stier-Somlo, Fritz: Deutsches Reichs- und Landesstaatsrecht, Bd. 1 (Grundrisse der Rechtswissenschaft Bd. XVIII). Berlin und Leipzig 1924 (zitiert: Reichs- und Landesstaatsrecht).
— Gleichheit vor dem Gesetz, in: Nipp. I, S. 158 ff.
Süsterhenn-Schäfer: Kommentar der Verfassung für Rheinland-Pfalz mit Berücksichtigung des Grundgesetzes für die Bundesrepublik Deutschland. Koblenz 1950.
Thieme, Werner: Deutsches Hochschulrecht. Berlin—Köln 1956 (zitiert: Hochschulrecht).
— Berufsfreiheit und Verwaltungsmonopole, in: JZ 1961, 280 ff.
— Der öffentliche Dienst in der Verfassungsordnung des Grundgesetzes (Art. 33 GG). Göttingen 1961 (zitiert: Öffentlicher Dienst).
— Der Finanzausgleich im Rundfunkwesen, in: AöR Bd. 88 (1963), S. 38 ff.

Thoma, Richard: Die juristische Bedeutung der grundrechtlichen Sätze der deutschen Reichsverfassung im allgemeinen, in: Nipp. I, S. 1 ff.

Triepel, Heinrich: Goldbilanzenverordnung und Vorzugsaktien. Ein Rechtsgutachten. Berlin und Leipzig 1924 (zitiert: Goldbilanzenverordnung).

Ule, Carl Hermann: Die Grundrechte, in: DV 1949, 333 ff.

— Öffentlicher Dienst, in: GR IV/2, S. 537 ff.

Waldecker, Ludwig: Entwickelungstendenzen im deutschen Beamtenrecht, in: AöR NF Bd. 7 (1924), S. 129 ff.

Weber, Werner: Zur Problematik von Enteignung und Sozialisierung nach neuem Verfassungsrecht, in: NJW 1950, 401 ff.

— Staats- und Selbstverwaltung in der Gegenwart (Göttinger Rechtswissenschaftliche Studien Heft 9). Göttingen 1953 (zitiert: Staats- und Selbstverwaltung).

— Zur Frage der Rechnungsprüfung der juristischen Personen des öffentlichen Rechts, in: ÖffHaush. 1954, 27 ff.

— Eigentum und Enteignung, in: GR II, S. 331 ff.

— Rechtsgutachten über die Frage, ob die gesetzliche Betrauung der Amtsdirektoren in Nordrhein-Westfalen mit den Funktionen des Gemeindedirektors in den amtsangehörigen Gemeinden mit der Garantie der kommunalen Selbstverwaltung in Art. 28 des Grundgesetzes vereinbar ist. Göttingen 1961 (unveröffentlicht) (zitiert: Gutachten).

— Die rechtliche Beurteilung der Verfassungsbeschwerde der IG Metall gegen das Urteil des Bundesarbeitsgerichts vom 31. Oktober 1958, in: Weber—Scheuner—Dietz: Koalitionsfreiheit. Drei Rechtsgutachten. Berlin und Frankfurt a. M. 1961. S. 3 ff. (zitiert: Rechtsgutachten).

— Art. Öffentliches Recht, in: HDSW, 38, Lfg., S. 40 ff.

Wehrhahn, Herbert: Lehrfreiheit und Verfassungstreue. Freiheit und Schranken wissenschaftlichen Lehrens nach Artikel 5 Abs. 3 des Grundgesetzes für die Bundesrepublik Deutschland (Recht und Staat in Geschichte und Gegenwart 183/184). Tübingen 1955 (zitiert: Lehrfreiheit).

Wernicke: Erläuterungen zu Art. 6 GG, in: BK.

— Erläuterungen zu Art. 9 GG, in: BK.

— Erläuterungen zu Art. 21 GG, in: BK.

— Erläuterungen zu Art. 28 GG, in: BK.

Wertenbruch, Wilhelm: Grundgesetz und Menschenwürde. Köln—Berlin 1958 (zitiert: Menschenwürde).

Wieacker, Franz: Privatrechtsgeschichte der Neuzeit unter besonderer Berücksichtigung der deutschen Entwicklung. Göttingen 1952 (zitiert: Privatrechtsgeschichte).

Wolff, Hans Julius: Verwaltungsrecht I, 5. Aufl., München und Berlin 1963.

Wolff, Martin: Reichsverfassung und Eigentum, in: Festgabe für Wilhelm Kahl, Tübingen 1923 (zitiert: Eigentum).

Zeidler, Karl: Gedanken zum Fernseh-Urteil des Bundesverfassungsgerichts, in: AöR Bd. 86 (1961), S. 361 ff.

Zinn-Stein: Die Verfassung des Landes Hessen, Bd. 1. Bad Homburg v. d. H. und Berlin 1954.

Printed by Libri Plureos GmbH
in Hamburg, Germany